Marlon
Brando

PATRICIA BOSWORTH

Marlon Brando

*Traduction
de François Tétreau*

FIDES

La traduction française des ouvrages de cette collection
est dirigée par Chantal Bouchard.

A Lipper/Penguin Book
Cet ouvrage est publié dans le cadre d'un accord des Éditions Fides
avec Lipper Publications et Viking Penguin.

Catalogage avant publication de la Bibliothèque nationale du Canada

Bosworth, Patricia
Marlon Brando
(Collection Grandes figures, grandes signatures)
Traduction de : *Marlon Brando.*

ISBN 2-7621-2524-3

1. Brando, Marlon.
2. Acteurs de cinéma – États-Unis – Biographies.
I. Titre. II. Collection.

PN2287.B683B6714 2003   791.43'028'092   C2003-941166-4

First published in the United States under
the title *Marlon Brando* by Patricia Bosworth
© Patricia Bosworth, 2001
Published by arrangement with Lipper Publications L.L.C.
and Viking Penguin, a division of Penguin Putnam USA Inc.
All rights reserved

Dépôt légal : 3ᵉ trimestre 2003
Bibliothèque nationale du Québec
© Éditions Fides, 2003, pour la traduction française

Les Éditions Fides remercient de leur soutien financier le Conseil des Arts du Canada
et la Société de développement des entreprises culturelles du Québec (SODEC).

Les Éditions Fides bénéficient du Programme de crédit d'impôt pour l'édition de
livres du Gouvernement du Québec, géré par la SODEC.

Imprimé au Canada en août 2003

Dans l'art du comédien, il entre à la fois de la honte et de la gloire. La honte de s'exhiber, et la gloire quand on parvient à s'oublier totalement.

Sir John Gielgud

Pour mon mari, Tom Palumbo

CHAPITRE 1

MARLON BRANDO — ou Bud, comme on l'appelait alors — est né le 3 avril 1924 à Omaha, dans le Nebraska. Ce printemps-là, la région se relevait à peine d'une invasion de sauterelles. D'immenses nuées d'insectes avaient dévoré les récoltes durant des semaines, laissant les champs nus et les jardins dégarnis.

Marlon est le seul fils de Dorothy (Dodie) Pennebaker, une blonde radieuse d'origine irlandaise, aux idées larges, et de Marlon Brando père, représentant de commerce, qui travaillait alors pour la Western Limestone, un homme strict au caractère irascible, tempérament qu'il avait lui-même hérité de son père, Eugene Brandeaux, d'origine alsacienne. Marlon avait modifié son patronyme peu de temps avant son mariage avec Dodie, le 22 juin 1918. Le couple, qui se connaissait depuis le collège, eut d'abord une liaison passionnée comme en témoignent plusieurs lettres écrites durant la Première Guerre mondiale, lorsque Marlon (père) servait dans l'armée. Par la suite, le comédien conservera quelques-unes de ces lettres, mais il prétend aujourd'hui qu'elles ne le touchent pas beaucoup.

À sa naissance, Brando vit avec ses parents et ses deux sœurs aînées, Jocelyn et Frances, dans une confortable maison, au 3235 de la rue Mason, à Omaha. La famille y reçoit souvent Nana, la grand-mère maternelle, femme deux fois mariée, reconnue pour son indépendance d'esprit, son franc parler, ses opinions en faveur de l'immigration et le vote des femmes. En plus d'être une lectrice invétérée, Nana est une chrétienne scientiste et une sorte de guérisseuse. Dans ses vieux jours, elle répétera à qui veut l'entendre qu'elle sait converser avec les morts. Lorsqu'elle rend visite à sa fille et à ses petits-enfants, elle passe des heures à leur parler d'histoire, de religion, d'art et de politique. « Elle nous stimulait énormément », rappelle Jocelyn. Or il se trouve que Bud et ses sœurs sentaient le besoin qu'on les stimule intellectuellement.

Marlon père est un homme bourru, maussade, imprévisible, sujet à de violentes colères qui terrorisent les siens, bien qu'il soit rarement présent à la maison, car son travail l'oblige à voyager sans cesse dans le Missouri et l'Iowa. Souvent, on le croise dans les bordels de Chicago ou dans des bars clandestins. On lui connaît déjà plusieurs aventures. Quand il revient chez lui, il s'enivre avec sa femme et, ensemble, ils se querellent. Nous sommes à l'époque de la prohibition et les Brando brassent eux-mêmes leur bière dans la cuisine.

En 1926, alors que Marlon n'a que deux ans, toute la famille, y compris la grand-mère, déménage dans une autre demeure plus vaste, au 1026 Third Street, où Dodie prend l'habitude de recevoir des marginaux de la bohème, de même que des comédiens du théâtre local, certains membres de la famille Fonda notamment.

Il règne dans la maison une atmosphère sans contrainte et bon enfant. Dodie accueille volontiers les invités dans sa chambre, où le lit est encombré de revues et de mots croisés. Brando confiera plus tard à des amis que, dans son premier souvenir, il se revoit allongé sur ce lit avec sa mère, partageant un verre de lait et des biscuits.

Certes, Dodie adore ses enfants d'un amour véritable, mais elle déserte souvent le logis familial. Les tâches ménagères l'ennuient au plus haut point et elle brûle d'envie de faire du théâtre. Quelque temps avant la naissance de son fils, elle s'est jointe aux comédiens de la toute nouvelle Omaha Community Playhouse et elle s'y rend chaque fois qu'elle le peut, même pour assister à de simples répétitions. Il lui arrive de faire passer des auditions et elle procure ainsi son premier rôle au jeune Henry Fonda. Durant les quatre années suivantes, elle incarnera elle-même, à la scène, plusieurs personnages, celui d'Anna Christie, dans la pièce éponyme d'Eugene O'Neill, et celui de la servante Julia, dans *Lilium* de Ferenc Molnár, entre autres. Les critiques d'Omaha lui trouvent du talent. De cette dernière pièce, l'un d'eux écrit: « Mme Brando est très émouvante (surtout dans la scène de sa mort). Grâce à sa retenue, elle donne réellement l'impression d'être paralysée par le chagrin. » Un autre chroniqueur dit de son jeu qu'il est d'un réalisme bouleversant.

Comme sa mère s'absente souvent, Marlon en vient à développer une affection toute particulière pour Ermeline, la nurse, une Danoise « avec un peu de sang indonésien, écrit Brando, ce qui donnait à sa carnation une patine légèrement ambrée ». Le soir, ils s'endorment nus tous les deux et le garçon, âgé de cinq ans, s'éveille parfois la nuit, contemple la jeune fille, caresse ses seins et se love contre elle.

Mais deux ans plus tard, Ermeline quitte son emploi pour se marier et l'enfant se sent littéralement abandonné. Il commence même à bégayer. À sept ans, Bud est un garçon un peu rond, à l'air grave, résolu, au regard pénétrant et plein d'énergie. Sa sœur Jocelyn doit le tenir en laisse pour le mener à l'école, autrement il s'enfuit.

En 1930, Brando père trouve un meilleur poste en Illinois. On le nomme directeur général des ventes de la Calcium Carbonate Company et la famille s'installe cette fois à Evanston. Dodie accepte de déménager encore, mais en éprouve du dépit, car elle est forcée du coup de laisser le théâtre au moment où elle y obtient le plus de succès. En conséquence, elle se met à boire davantage. «Je suis la plus grande actrice américaine en inactivité», se plaît-elle à dire. Son mari étant toujours au travail, ou en vadrouille, elle traîne comme une âme en peine dans leur nouvelle maison de Sheridan Square, puis elle s'assoit au piano et commence à chanter. Ses enfants l'accompagnent.

«Ma mère connaissait toutes les chansons qui ont jamais été écrites», rappelle Brando dans son autobiographie. Il tente lui-même de les mémoriser. Aujourd'hui encore, il se souvient de leurs paroles, qu'elles soient en grec, en japonais, en allemand, ou en anglais, bien sûr. Toutes les chansons que lui apprenait sa mère, pour rappeler le titre de son livre.

À l'école Lincoln, ses camarades apprécient ses frasques et l'admirent pour cela. Bientôt, Bud se lie d'amitié avec un garçon de sa classe, Wally Cox, enfant plutôt malingre, portant de grosses lunettes, ils deviennent inséparables. «Marlon pensait que Wally était un génie — il l'était peut-être, raconte Pat Cox, sa troisième épouse. Pour sûr, il avait de l'instruction et lisait sans cesse. Même à dix ans, il connaissait la botanique à fond, il savait le nom des papillons et des oiseaux, celui de toutes les fleurs sauvages en ce monde. Marlon et Wally se baladaient partout, en bavardant comme des pies. »

La mère de Wally écrit des romans policiers. Elle aussi est alcoolique. Quand elle part faire la bringue, son fils et sa fille se réfugient chez des voisins. Plus tard, elle quittera carrément ses enfants pour vivre avec une femme. Wally débarque donc chez les Brando, où on le garde pour dîner et, avant longtemps, pour dormir. «Wally devint presque un membre de la famille», raconte Jocelyn. Lorsque des camarades de classe harcèlent son copain, Marlon se porte à sa défense, comme il s'occupe des animaux blessés et des sans-abri. Un jour, il ramène à la maison une clocharde recueillie dans la rue. Elle est vêtue de loques et semble mal en point. Devant les réticences de son père, Bud pique une colère et obtient de lui qu'il installe cette femme dans un hôtel des environs afin qu'elle y reprenne des forces.

Durant l'année 1936, Brando père trompe sa femme si ouvertement que Dodie ne veut plus le supporter. Un soir, après avoir découvert des traces de rouge à lèvres sur son slip, elle pousse des cris, puis éclate en sanglots. Son mari la traîne dans leur chambre et il commence à la rudoyer. Sur ce, Marlon, âgé de 12 ans, fait irruption dans la pièce et menace son père de le tuer s'il ne laisse pas sa mère sur-le-champ. Cette scène, Brando la décrira maintes fois à des amis au cours de sa vie. Il leur parlera aussi du caractère par trop imprévisible de son père, qui pouvait se montrer tendre, affectueux, et soudain plein de rage, ou ivre de colère.

Brando à huit ans, en compagnie de sa mère bien-aimée, Dodie, sans doute la personne qui a joué le rôle le plus important dans sa vie. (© *Photofest*)

Au fil des ans, il développe une sorte de répulsion pour ce qu'il appelle l'hypocrisie de son père. Car si ce dernier enseigne à ses enfants les « bons principes », il se garde bien de les appliquer. De plus, en obligeant la famille à quitter Omaha, il a gâché l'existence de Dodie, contrainte d'abandonner sa carrière théâtrale. Outre cela, il n'exprime aucune espèce de compassion pour le chagrin dans lequel sa femme est plongée.

Ainsi, durant toute son adolescence, Marlon éprouve de la rage à l'endroit de son père et un besoin de se venger de lui qui déterminent sa conduite. Bien plus tard, au cours des années 1980, avec l'aide de son thérapeute, il comprendra que sa famille formait un creuset de violence psychologique contre laquelle le monde extérieur ne pouvait rien, car il s'agissait d'un problème familial interne, inaccessible à autrui.

Bientôt, Dodie, Nana et les enfants quittent Evanston pour s'installer en Californie, chez la demi-sœur de Dodie, Betty Lindemeyer. Marlon et ses sœurs entrent donc au collège Lathrop. Henry Fonda, qui n'a pas oublié que Dodie lui a offert sa première chance, lui rend visite à l'occasion et l'emmène se balader à Hollywood. Mais Dodie boit toujours autant et disparaît parfois plusieurs jours de suite.

En 1938, après deux ans de ce régime, les Brando se réconcilient. Le père achète une ancienne ferme à Liberty-

ville, en Illinois, à une soixantaine de kilomètres de Chicago. Il y a là une grange, une écurie et un vaste domaine.
Marlon chérit les animaux, « car ils vous portent un amour
inconditionnel, précise-t-il, d'une loyauté absolue ». Il
aime en particulier sa chienne Dutchy, un danois, de même
qu'une certaine vache, nommée Violet. « Je montais sur
Violet et l'emmenais paître, je passais mes bras autour
d'elle, je l'embrassais. Les vaches ont une haleine très par-
fumée, à cause du foin qu'elles ruminent. »

Mais pour Bud, cette nouvelle vie à la ferme n'est guère
plus réjouissante que la précédente. Dodie exècre toujours
autant les tâches ménagères, elle n'aime pas se retrouver
isolée comme ça, en pleine campagne, et le plus parfait
désordre règne chez elle. Marlon étudie fort médiocrement.
Il s'enferme le plus souvent dans sa chambre pour écouter
des disques de Gene Krupa. Il se prend de passion pour la
batterie et garde sur lui, en tout temps, ses baguettes. Il en
oublie de traire les vaches et de faire ses devoirs, ce qui
irrite son père et ils se disputent à grands cris sur le porche
de la maison.

Il commence à fréquenter les jeunes filles. L'une de ses
premières conquêtes, Carmelita Pope, se souvient qu'elle
l'invitait à manger des pâtes chez ses parents. Après le repas,
ils s'assoient sur le perron avec le père de Carmelita, un
avocat, et lui posent une foule de questions. À cette époque,
la curiosité de Marlon est insatiable. Par ailleurs, il prend

du poids depuis quelque temps et son père lui conseille de se mettre aux haltères pour modeler son corps et l'embellir du même coup.

Le jeune homme joue toujours de la batterie et fonde bientôt un groupe, Keg Brando and His Kegliners. Ses résultats scolaires en souffrent. À l'école, il ne se distingue que dans les activités sportives et dramatiques. Il semble doué pour l'art du mime notamment. Mais il échoue dans les autres domaines, ce qui l'oblige à redoubler. Il a presque 16 ans et végète toujours au collège, situation humiliante. Il se met donc à sécher les cours.

Quand son père l'apprend, il le lui reproche, bien sûr. Le ton monte, ils se disputent et s'affrontent avec plus d'impétuosité à mesure que le fils s'affirme. Bud ne révèle pas à son père qu'au lieu de se rendre à l'école, il visite souvent les bars de Chicago à la recherche de sa mère, qu'il retrouve parfois dans quelque bouge, endormie au milieu de ses propres vomissures. Un jour, il doit la traîner nue jusque dans un taxi pour la ramener à la maison. Le père recommence à la ruer de coups et, là encore, Marlon s'interpose.

En mai 1941, on le renvoie du collège de Libertyville pour inconduite et insubordination. Entre autres frasques, il a versé de l'anhydride sulfureux dans le système de ventilation et une fétide odeur s'est répandue dans toutes les classes. Au fond, il adore jouer des tours et les autres élèves admirent son audace.

Mais, cette fois, son père se fâche pour de bon et, après mûre réflexion, décide de l'envoyer en pension à l'École militaire Shattuck, à Faribault, dans le Minnesota, où lui-même s'est autrefois distingué. Marlon ne va pas suivre son exemple. D'abord parce qu'il n'aime pas étudier et qu'il manque de concentration. Au fond, il ne parvient pas à se discipliner ou, pour être plus exact, à respecter la discipline. Il a maintenant 16 ans, un profil romain, des lèvres charnues, sensuelles, sa beauté est saisissante et son corps musculeux ondoie quand il se déplace, comme un matou à l'affût.

Il est aussi très amusant, insolent, mais sans prétention aucune. Il refuse cependant de se laisser intimider de quelque façon par les caïds de l'École. Quiconque le cherche trouve avec qui se battre. Il a un tempérament instable et aime défier les autorités, qui ne parviennent pas à le contrôler. Ses condisciples le trouvent hardi, culotté et, partant, recherchent sa compagnie. (Brando raconte que sa meilleure blague est d'avoir démonté la cloche de Shattuck. La sonnerie lui tombait sur les nerfs, au point qu'une nuit il se faufile dans la tour, au sommet de laquelle se trouve ladite cloche, et il en retire le battant avant de l'enterrer dans la cour.)

Brando rapporte aussi qu'à cette époque un seul professeur prend la peine de l'encourager. Duke Wagner, en effet, lui enseigne Shakespeare, les beautés de la langue anglaise et décèle son talent naturel pour l'imitation. Marlon s'amuse un jour à singer John Dillinger, l'illustre brigand, et réussit à dérider tous les cadets présents dans la salle. En 1941, lors de la Thanksgiving, il joue dans trois pièces en un acte. Le journal de l'école en rend compte de la manière suivante : « Un nouveau venu au talent immense. »

À l'été de 1942, durant les vacances, il ne rentre pas directement à Libertyville. Il voyage en clandestin dans des trains de marchandises et couche à la belle étoile avec des chemineaux sans emploi. Autour du feu, il partage des ragoûts de fortune et il écoute les histoires que ces vagabonds lui racontent. Il apprend comment certains d'entre eux ont déjoué la police, ou fui leurs femmes irascibles. Il se familiarise avec leur jargon et leurs codes. Tel signe, par exemple, marqué à la craie sur une clôture, signifie que les habitants de la plus proche maison accueillent volontiers les inconnus.

De retour chez lui, Marlon a une conversation décousue avec sa mère à propos de son avenir. D'un côté, il désire faire du théâtre, mais il manifeste par ailleurs de l'intérêt pour la religion. « Si j'ai songé à devenir pasteur, écrit-il, ce n'était pas tant que j'avais la foi (le seul sentiment que j'aie connu qui puisse s'en rapprocher est mon émerveillement perpétuel devant la nature), c'était parce que je me disais que cela donnerait peut-être un sens à ma vie. » En fait, il ne sait pas ce qu'il veut faire encore.

À Shattuck, après les vacances, il se teint les cheveux orange et fait 12 séjours à l'infirmerie. Il devient tout à la fois un pitre et le plus indocile des cadets, qui l'admirent en conséquence. Au cours de l'automne, il décroche le rôle principal dans une pièce, *Four on a Heath*, et démontre de la facilité à emprunter divers accents (l'accent britannique dans ce cas-ci). Dans la scène finale, son personnage doit se pendre et il exécute le numéro de façon si réaliste qu'une fois le rideau tombé, le public éclate en applaudissements ; son interprétation fait l'objet de toutes les conversations durant des jours.

Mais il accumule encore les mauvaises notes et se terre dans la salle d'études pour lire le *National Geographic*. Un après-midi, il y découvre des photographies en couleur de Tahiti, montrant ses belles plages de sable blanc et ses grands palmiers courbés par le vent. Le visage des Polynésiens, leur expression — « sans apprêt ni dissimulation mondaine » — le frappent énormément. Sans trop y croire encore, il se promet d'aller un jour là-bas.

En mai 1943, après avoir répondu à un officier durant des manœuvres (ce qui est considéré comme de l'insubordination), la direction l'assigne à résidence dans sa chambre. Après s'être ennuyé quelque temps, Brando se glisse hors du campus et va se promener en ville, à Faribault. On constate bien sûr son absence et, à son retour, les autorités se rassemblent pour décider de son sort. Elles conviennent de le renvoyer sur-le-champ.

Brando rappelle que ce fut un choc pour lui. Ébranlé, il va de chambre en chambre serrer la main de ses camarades. Il entre ensuite dans le bureau de Duke Wagner, où le professeur lui conseille de ne pas trop s'en faire ; il lui promet même que le monde entendra un jour parler de lui. Brando souligne aujourd'hui qu'il n'a jamais oublié ces encouragements. Personne ne lui avait témoigné pareille confiance.

Il rentre chez lui par le premier train. Déçus, ses parents l'accueillent froidement. À Shattuck cependant, les cadets se révoltent contre cette expulsion, qu'ils estiment injuste et par trop exagérée. Ils font même la grève, en attendant que les autorités reviennent sur leur décision. Quelques jours plus tard, Brando reçoit une lettre du directeur, signée par tous les cadets, l'invitant à réintégrer son poste et à terminer ses études en rattrapant son retard durant les vacances. Mais la vie militaire lui répugne et il décline l'invitation. Ainsi, Brando n'obtiendra jamais son certificat d'études, mais il fera encadrer la lettre des cadets de Shattuck et la conservera dans sa chambre de Beverly Hills durant des années. Toute sa vie, il souffrira de son manque d'instruction.

Durant les six semaines suivantes, Marlon creuse des tranchées dans les rues et pose des canalisations pour la

Tile Drainage Company. Son père lui a décroché ce petit emploi, que Brando déteste par-dessus tout, bien qu'il apprécie de gagner un peu d'argent pour la première fois de sa vie. Mais il se trouve bien seul à la ferme. Sa sœur Frances, en effet, étudie la peinture à New York depuis quelque temps et Jocelyn y est aussi. Elle est même apparue dans une pièce à Broadway. Marlon décide de les rejoindre un jour dans la grande ville.

Peut-être pourra-t-il devenir acteur lui aussi ? Ou, du moins, essayer de le devenir ? Son père se moque de lui : « Le théâtre ? C'est pour les pédés. C'est pas un boulot d'homme, ça, le théâtre. » Il ajoute que Marlon ne connaîtra aucun succès s'il s'engage jamais dans cette voie. « Regarde-toi dans une glace et dis-moi qui voudrait voir un plouc comme toi sur une scène ? » Brando constate que son père n'a aucune confiance en lui, ce qui le détermine à se distinguer d'une manière ou d'une autre, afin de prouver qu'il est capable d'exceller dans quelque domaine.

CHAPITRE 2

Marlon arrive à New York à la fin du printemps de 1943, vêtu d'une vieille salopette et portant un feutre mou écarlate. En pénétrant dans la foule qui se bouscule à Penn Station, il fait cirer ses chaussures. Le garçon qui s'acquitte de cette tâche le remplit de pitié et Brando lui file cinq dollars de pourboire. Puis il saisit son sac et plonge dans la cohue de la 34e Rue.

Jusqu'à ce jour, notre homme a vécu surtout à la campagne ou dans de petites villes de province. Le bruit, l'humidité, la poussière et le désordre qui règne dans la métropole en ce temps de guerre lui tournent la tête. Les embouteillages, les klaxons, la multitude de néons à Time Square le subjuguent. Cela sans parler de la foule! Des réfugiés allemands, ayant fui le régime nazi, des artistes, des poètes, des tas de gens convergent alors vers New York dans l'espoir d'y trouver gloire et fortune.

Partout, Brando se heurte à des soldats en permission qui cherchent à faire la bringue. À Shattuck, en jouant au football, il s'était blessé à un genou et, comme sa vue était faible, on l'avait réformé, ce dont il ne se plaignait pas, bien au contraire, il n'avait aucune envie d'aller se battre, mais son père, on s'en doute, en concevait de l'amertume.

Durant quelque temps, Brando habite chez sa sœur Frances, dans un minuscule appartement de Patchin Place. Il y est rarement, du reste. Il passe des nuits blanches, se faufile dans des fêtes, où il observe les gens avec attention. « Il était encore très naïf, raconte Jocelyn. Il a mis du temps à se méfier des autres. Il faisait confiance à tout le monde. »

La première femme qu'il fréquente avec assiduité se nomme Celia Webb. C'est une Sud-Américaine toute menue, élégante et vive. Elle a dix ans de plus que lui et elle élève son fils en bas âge. Celia habite un studio dans le même immeuble que Marlon, de l'autre côté du couloir. Son mari sert dans l'armée, de sorte qu'il ne se trouve pas à New York au moment où Brando la rencontre.

Celia est étalagiste et « fabuleuse cuisinière », précise Marlon. Il s'installe chez elle et les deux amants demeurent ensemble un bon moment, même s'ils se séparent de temps à autre. En fait, leur amitié amoureuse se prolongera quelques années.

« Marlon manipulait ses maîtresses, révèle la danseuse Sondra Lee, qui l'a fréquenté dans les premières années.

On n'était jamais sur un pied d'égalité avec lui.» Elle se souvient lui avoir rendu visite dans un hôtel minable où il logeait avant de devenir une star. «Marlon ouvrit la porte et j'ai vu Celia derrière, au lit. Marlon m'a fait du charme, mais j'ai vite compris que je ne pouvais pas rester là. Nous savions toutes qu'il n'était pas comme les autres.» Plus tard, Sondra et Celia Webb deviendront des amies. «À cette époque-là, toutes les copines de Marlon étaient amies. On acceptait qu'il en soit ainsi avec lui. Il était comme un dieu, un roi. On tolérait qu'il soit différent, qu'il n'agisse pas comme les autres. C'était gênant, mais on avait l'impression qu'il venait d'ailleurs, d'un autre monde. Jamais il n'aurait accepté que l'une ou l'autre d'entre nous mette le grappin sur lui.»

Quand l'argent manque, Brando trouve un job de garçon d'ascenseur dans les grands magasins. À l'occasion, il travaille comme cuisinier dans des fast-foods, ou gardien de nuit dans une manufacture. Quand il rentre le soir, ou le matin, il amuse ses sœurs en imitant les gens observés dans le métro : la secrétaire qui ajuste ses bas en mâchant du chewing-gum, ou l'unijambiste qui mendie à l'entrée de Carnegie Hall. Sans prononcer un mot, il se métamorphose complètement ; ses imitations sont d'un naturel saisissant, c'est presque organique chez lui. «Lorsqu'il imitait un électricien, raconte un témoin, on croyait voir les fils de cuivre dans ses mains.»

Comme il se doit, ses amis l'encouragent à devenir acteur. Pourquoi pas ? Il possède le talent nécessaire pour y arriver et il n'a aucune autre formation par ailleurs. Mais il doute encore, il ne sait toujours pas ce qu'il veut faire exactement. Pourquoi ne pas tenter sa chance comme dramaturge, ou metteur en scène ? En vérité, la seule chose qu'il désire vraiment est de s'instruire. Il veut apprendre. Un jour que son père l'appelle de Libertyville, Marlon lui annonce sans détour : « Papa, je vais m'inscrire à la New School. » Le père consent à lui envoyer un peu d'argent pour subvenir à ses besoins, mais laisse entendre qu'il n'y croit pas beaucoup et que son Bud n'arrivera jamais à rien. Ce qui convainc Brando de redoubler d'ardeur pour démontrer que son père se trompe.

À l'automne de 1943, il entre donc à l'Atelier théâtral de la New School, dans la 12e Rue, à Greenwich Village. L'Atelier en question a été fondé trois ans plus tôt et attire de façon irrésistible tous ceux qui désirent faire du théâtre. Parmi les condisciples de Brando cette année-là, on distingue les noms de Harry Belafonte, d'Elaine Stritch, de Gene Saks, Shelley Winters, Rod Steiger et Kim Stanley.

Brando choisit d'abord de suivre les cours d'escrime, de danse, de yoga et commence à étudier l'art dramatique sous la direction d'un émigré allemand, Erwin Piscator, professeur aux méthodes dictatoriales, mais cependant très estimé, car il a transformé de fond en comble le théâtre européen

durant les années 1920 et 1930, en réduisant les décors de
scène au strict minimum et en exigeant des éclairages très
crus. Brando ne se plie pas facilement à son autorité ; il
préfère de loin les cours que dispense la flamboyante Stella
Adler, fille du grand comédien yiddish Jacob Adler, qui a
elle-même été membre du fameux théâtre yiddish.

Pleine d'esprit et d'entrain, Stella Adler, avec sa chevelure blonde, ses grands yeux expressifs et ses lèvres ourlées,
répand autour d'elle une atmosphère de charme et de
séduction radieuse, que Brando n'a encore connue chez
aucune autre femme. Ses cours, fondés sur une solide éru-
dition, touchent à tout sans s'appesantir sur quoi que ce
soit. Lorsqu'elle analyse les textes, ceux de Tchekhov et
d'Ibsen par exemple, Stella le fait sur un ton passionné qui
force l'attention et convainc l'auditoire. Elle fascine ses
élèves, en mêlant ardeur et cajoleries. Elle les enjoint de se
fier à leur imagination, de se dépasser et, avant tout, de
n'être jamais ennuyeux.

Stella Adler avait beaucoup joué durant les années 1930,
au sein du Group Theatre, troupe d'avant-garde fondée
par Harold Clurman, Lee Strasberg et Cheryl Crawford, à
l'époque de la crise économique. Cette troupe a grandement favorisé l'essor du théâtre américain, en rapprochant
des dramaturges comme Clifford Odets et William Saroyan,
des metteurs en scène comme Elia Kazan, de même que des
comédiens, John Garfield et Franchot Tone entre autres,

qui introduisaient dans leurs œuvres une dimension politique. Plusieurs membres de ce groupe préconisaient la
Méthode, celle-là même qui révolutionna le théâtre aux
États-Unis. Autrefois, l'enseignement classique développait
les aptitudes externes de l'acteur, alors que la Méthode
visait à mettre en valeur ses qualités intérieures, senso-
rielles, psychologiques, émotives aussi.

Mais Strasberg, qui dirigera par la suite l'Actors Studio,
se faisait une conception assez particulière de ladite Méthode.
Il s'inspirait des théories que Konstantin Stanislavsky avait
prônées au début de sa carrière. D'après Strasberg, l'acteur
devait s'astreindre à des exercices de mémoire et faire
remonter ses sentiments à la surface. Il encourageait les
comédiens à improviser, puis à rappeler leurs expériences
passées pour mieux transmettre l'émotion. S'ils avaient
connu des drames, par exemple, ils devaient les évoquer
afin d'en exprimer toute l'angoisse.

Stella Adler, de son côté, s'oppose à cette façon de voir
les choses. En 1934, elle s'était rendue à Paris en compagnie
de Harold Clurman, avait suivi des cours avec Stanislavsky
durant cinq semaines, et découvert que le maître avait
modifié ses premières doctrines. Il conseillait désormais
aux comédiens de miser davantage sur leur imagination,
plutôt que sur leur mémoire, estimant que la clef du succès
résidait dans la « vérité » de leur jeu, vérité propre aux
« circonstances données » de la pièce.

Dans son enseignement, Adler met donc l'accent sur la concentration, l'attention aux détails et demande à ses élèves d'imaginer le comportement de leur personnage, jusque dans sa façon de bouger, de se déplacer. «Ta vérité est dans ton imagination, répète-t-elle. Tout le reste est superflu.» Elle accorde aussi une grande importance à l'art, à l'architecture et aux costumes d'une époque donnée, afin de mieux camper les rôles, et elle cherche dans le texte des détails révélateurs qui feront mouche. Durant ses cours, toutefois, les élèves passent relativement peu de temps à étudier les pièces elles-mêmes. Adler leur conseille plutôt d'improviser, de se libérer de leurs inhibitions. «Ne joue pas, insiste-t-elle. Sois toi-même. Vis la situation.»

Les élèves de la New School se présentaient toujours en classe correctement vêtus. Quand Brando apparaît la première fois dans sa vieille salopette, portant aux pieds des baskets sales, Stella écarquille les yeux et demande à la ronde: «Comment se nomme ce clochard?»

Quelques semaines plus tard, elle le trouve déjà «extraordinaire». Sans doute parce qu'il a réussi avec brio et apparemment sans effort le premier exercice imposé à la classe. Les élèves, en effet, devaient mimer des poules qui auraient appris qu'une bombe allait s'abattre sur leur poulailler. La plupart des élèves se mettent alors à sauter sur place de manière frénétique, en agitant leurs coudes comme des ailes. Brando, lui, s'assoit calmement dans un coin et fait semblant de pondre un œuf. « Voilà exactement ce que ferait une poule en pareilles circonstances », s'exclame son professeur.

Marlon a 19 ans quand il rencontre Stella Adler ; elle en a 41 et est toujours « très belle », précise-t-il. Bientôt, elle l'invite dans son appartement surchargé de la 54ᵉ Rue. Elle lui présente ses quatre sœurs, sa fille Ellen, Sarah, sa mère octogénaire, et son second mari, Harold Clurman, critique fort estimé, qui a naguère dirigé le Group Theatre. De temps à autre, Brando les suit chez Childs, sur Columbus Circle, où ils cassent la croûte en compagnie du dramaturge Clifford Odets.

D'autres jours, assis dans le salon de Stella, Brando s'amuse à la singer. Lorsqu'elle boit une gorgée de whisky, il fait de même ; quand elle allume une cigarette, il en allume une autre, et lorsque, croisant les jambes, elle remarque son jeu, elle le prie d'arrêter cela. Mais la facilité avec laquelle il décèle les caractéristiques de chacun lui paraît vraiment remarquable. « Rien ne lui échappait, dira-t-elle plus tard. Il parvenait à tout reproduire, même la longueur de vos dents. » Par la suite, Marlon n'oubliera jamais l'entêtement ni la frivolité de Stella et saura s'en inspirer dans plusieurs rôles. Son allure androgyne ne l'embarrasse nullement, il en joue même avec plaisir.

Stella Adler est comédienne depuis son enfance ; elle a joué dans plus de 100 pièces. Pourtant, malgré son talent et son audace, elle n'a jamais eu la chance de percer à Hollywood comme elle le souhaitait. Elle veut connaître la célébrité et, comme celle-ci lui échappe, elle en conçoit une certaine amertume.

« Stella m'a tout enseigné », écrit Brando, mais la principale intéressée ne voit pas les choses du même œil : « Je n'ai rien appris à Marlon. J'ai tracé des directions de pensée, de sentiments, j'ai ouvert des portes et il s'y est engouffré. » Philip Rhodes, l'un des meilleurs amis du comédien et qui sera son maquilleur durant 40 ans, ajoute ceci : « Stella montrait à Marlon comment canaliser sa colère contre son père ; elle l'aidait à exprimer cette rage de façon artistique. »

Dès le mois de décembre, Brando joue dans deux pièces montées à l'Atelier. On le voit d'abord dans *Sainte Jeanne*, de George Bernard Shaw, puis dans *Riders to the Sea*, de J. M. Synge. Il interprète ensuite le rôle du prince Anatole dans une version abrégée de *Guerre et paix* de Tolstoï, dirigée par Piscator.

En janvier 1944, il interprète deux rôles dans une même pièce, intitulée *Hannale's Way to Heaven*, de Gerhart Hauptmann, soit le rôle du Christ jeune et celui d'un vieil instituteur gâteux. « Marlon y était absolument stupéfiant, rappelle Elaine Stritch. On savait tout de suite qu'on assistait à une interprétation géniale. » Après ce tour de force, il tient divers rôles dans des pièces de Shakespeare, de

Molière et dans une autre, destinée aux enfants, *Bobino*, où il se livre à une brillante pantomime.

Depuis quelque temps, Brando a retrouvé son vieil ami d'enfance, Wally Cox, toujours aussi myope et frêle, qui travaille alors comme orfèvre et marionnettiste pour faire vivre sa mère à demi paralysée. Les deux amis conversent durant des heures, parlent de sexe, d'amour, de la mort et des femmes. Everett Greenbaum, qui concevra plus tard le personnage de M. Peepers par lequel Cox sera connu du grand public, rappelle ces années-là : « C'est leur insatiable curiosité pour tous les éléments de l'univers qui les liait l'un à l'autre. Wally parlait quatre langues, il connaissait tout des insectes, de la botanique et des oiseaux. Il pouvait lire sans difficulté n'importe quel article du *Scientific American*. » Le côté sombre de l'existence les attirait énormément, ajoute-t-il.

« Surtout Marlon, précise un autre ami. Il fréquentait volontiers les paumés, la racaille, hommes ou femmes d'ailleurs. Rita Moreno était l'une des rares femmes présentables avec lesquelles il sortait. Il s'intéressait aux aspects les plus noirs de la vie, aux pires facettes de lui-même, puis il s'en servait dans ses interprétations, comme il l'a fait des années plus tard dans *Le parrain*, où on voit ce criminel endurci jouer si tendrement avec son petit-fils. »

Pendant ce temps, Dodie ne supporte plus de vivre à Libertyville. Son mari s'est joint aux alcooliques anonymes et voudrait qu'elle fasse de même, mais elle ne peut pas renoncer à boire. Aussi, elle quitte son époux et va rejoindre ses enfants à New York. Elle y arrive en avril 1944, accompagnée de Dutchy, le danois, et loue un grand appartement délabré d'une dizaine de pièces dans West End Avenue. Son mari consent à tout défrayer, y compris les gages d'une bonne à temps partiel.

Jocelyn, qui a maintenant un fils, emménage chez sa mère avec son mari, le comédien Don Hanmer, qui vient d'obtenir son congé de l'armée. Frances et Marlon, pour leur part, demeurent à Greenwich Village, mais Marlon débarque chez Dodie aussi souvent qu'il le peut, entraînant dans son sillage des tas de copains plus pittoresques les uns que les autres. Des artistes, des écrivains, des chanteurs et danseurs envahissent l'appartement de sa mère, il y a toujours du monde.

Dodie reçoit souvent cette petite cour, allongée sur son lit. Marlon cherche parfois à la surprendre, à l'indigner. Il enfile son peignoir à fanfreluches, joue les femmes fatales et, plus encore, quand des invités sont là pour le voir faire le pitre. Il s'amuse à harceler sa mère, à l'importuner et il semble qu'elle y prenne plaisir. Tous ceux qui les côtoient remarquent l'attachement profond qui les unit. « Bud adorait Dodie, raconte Elaine Stritch, il la vénérait. » C'est réciproque. Dodie l'idolâtre. Elle le voit comme un petit génie et pense peut-être qu'une part de ce génie lui vient d'elle, qu'il en a hérité.

Elle lui cause également du souci. L'appartement est un vrai foutoir, les assiettes sales s'accumulent dans l'évier, on sert les repas à des heures impossibles, quand on prend la peine de les préparer. Outre cela, Dodie touche alors le fond de l'alcoolisme. Elle dissimule si bien les bouteilles dans tous les recoins de l'appartement que ses enfants ne parviennent pas à les dénicher. Puis elle disparaît parfois durant des jours. Brando fait alors la tournée des bars du West End dans l'espoir de la retrouver. Quand il revient chez elle, bredouille, il connaît des phases dépressives. Ses angoisses, son sentiment d'abandon et sa rancœur refont surface, le tourmentent. Bientôt, Marlon et ses sœurs accompagneront leur mère à certaines séances des alcooliques anonymes.

Cet été-là, Brando rejoint la petite troupe de Piscator, à Sayville dans Long Island, et reprend les deux rôles qui lui ont valu tant de succès en janvier. Son charisme est tel que le public, médusé, retient son souffle lorsqu'il entre en scène, vêtu d'un costume de satin doré. Un certain soir, Maynard Morris, l'un des imprésarios influents de la Music Corporation of America (la MCA), assiste au spectacle, rencontre Brando dans sa loge et lui propose de le représenter. Le jeune acteur feint l'indifférence.

Une raison à cela : Brando s'intéresse davantage aux femmes qu'à toute autre chose. Il en fréquente plusieurs à la fois durant l'été de 1944. Outre Celia Webb, il y a, parmi elles, la chanteuse Janice Mars et une toute jeune blonde, voluptueuse, Blossom Plumb. Au milieu de la saison, Piscator surprend cette femme avec Brando dans une grange et chasse les deux acteurs de sa troupe sans autre forme de procès, même s'ils jurent qu'ils n'ont rien fait de répréhensible. Des années plus tard, Piscator regrettera ce renvoi, il reconnaîtra même que Brando était l'élève le plus doué parmi ceux qu'il dirigeait ; il déplorera néanmoins que Marlon ait été « si paresseux ».

À l'automne, Morris et son collègue de la MCA, Edie Van Cleve, obtiennent des auditions pour Brando. On lui propose de tenir un rôle dans une pièce de John Van Druten, *I Remember Mama*, laquelle doit prendre l'affiche à Broadway. Le personnage qu'on désire lui confier, celui de Nels, est un jeune Américain d'origine norvégienne, âgé de 15 ans, qui veut devenir médecin et pour lequel l'auteur a écrit une émouvante tirade dans le troisième acte, à propos du passage à l'âge adulte. Stella lit le scénario, s'enthousiasme, et parie que cette pièce fera un tabac. Elle encourage donc Marlon à accepter la proposition.

Mais au cours des premières répétitions, il articule si peu et si mal que le producteur, Richard Rodgers, menace de le virer. Van Druten, qui met la pièce en scène, s'interpose immédiatement. Même si le jeune homme manque apparemment d'expérience, Druten juge qu'il a une telle présence, qu'il éclipse déjà les personnages principaux, interprétés par Mady Christians et Oscar Homolka, deux comédiens aguerris.

Le soir de la première, Dodie souffre d'une telle gueule de bois qu'elle reste chez elle et ne voit pas son fils faire ses débuts à Broadway, ce qui leur cause à tous deux une profonde déception. Mais les sœurs de Brando et quelques amis assistent au spectacle, de même que le metteur en scène Robert Lewis, qui dirigera Brando à l'Actors Studio. Il évoque en ces termes la surprise qui fut la sienne ce soir-là : « Soudain, au fond, qui descendait l'escalier, apparaissait ce gamin en train de manger une pomme. Il y avait ces deux grandes vedettes qui donnaient dans le sentiment et ce garçon, si naturel, qui semblait vivre à l'étage. Il restait là sans rien dire durant deux bonnes minutes, mais il *écoutait* de telle façon qu'on ne pouvait détacher son regard de lui. Il n'avait pas du tout l'air de jouer. Et, en plus, il était complètement détendu. »

Après la séance, les amis de Brando l'entraînent chez Dodie pour faire la fête. Quelques-unes de ses maîtresses se joignent à eux, de même que des copains paumés, comme Carlo Fiore, un aspirant comédien, héroïnomane, qui cherche alors à se désintoxiquer. Une fois sur place, Marlon va droit dans la chambre de sa mère, calée dans ses coussins, et la surprend qui confie à l'une de ses amies son projet de retourner en Illinois, au motif que son alcoolisme cause trop de problèmes à ses enfants. Mais Dodie ne quittera New York qu'au milieu de l'année suivante.

I Remember Mama obtient un énorme succès et Brando interprète son personnage tous les soirs, sans manquer une seule représentation. Comme son rôle n'est pas très exigeant, il emporte avec lui des tas de livres dans sa loge, des ouvrages de philosophie ou sur la religion, des œuvres de Shakespeare et d'Eugene O'Neill, dans lesquels il se plonge avec ferveur. Il n'en surveille pas moins sa mère sans relâche. Ils savent tous deux qu'elle ne tiendra pas le coup si elle continue à boire autant.

En vérité, Dodie a besoin d'aide ; elle ne peut décidément pas renoncer à la bouteille toute seule. C'est alors qu'elle rencontre Marty Mann, une femme brillante, courageuse et forte, qui fut la première femme à reconnaître publiquement son alcoolisme lors d'une séance des AA. Elle fera dans la suite des études à l'université Yale, et démontrera que l'alcoolisme est bel et bien une maladie. Marty fait grande impression sur Dodie, elle l'accompagne aux séances des AA. Grâce à ses encouragements, la mère de Brando se consacrera bientôt à cet organisme.

Elle informe Marlon de son projet de retourner à Chicago, de joindre les alcooliques anonymes et de renouer avec son mari. Brando la supplie de rester à New York. Il ne veut plus qu'elle vive avec son père, mais Dodie demeure inflexible. En fait, elle aime toujours son mari, elle confie même à Elaine Stritch qu'elle est « folle de ce salaud ». Elle quitte donc New York et, dès ce jour, Brando se remet à bégayer. Il perd en outre l'appétit et une dizaine de kilos. Le soir, après le spectacle, il erre dans les rues pendant des heures, en proie à des crises d'angoisse, sans pouvoir s'expliquer ce qui lui arrive. Ce désarroi dure des mois. Dans son autobiographie, il revient sur cet épisode pénible et affirme qu'il a traversé une véritable dépression. Bien qu'il ait maintenant repris le dessus, il prétend ne s'être « jamais senti le même depuis lors ».

Il s'attarde quelque peu sur cette période de sa vie : « Je me suis mis à fréquenter assidûment la famille de Stella Adler. Ils m'avaient pratiquement adopté après le départ de ma mère, et je leur dois peut-être de ne pas être devenu fou. » Quand il se trouve chez eux, il ne se gêne pas pour pénétrer dans la chambre de Stella qui se pomponne avant le dîner. Il la surprend parfois, en slip et soutien-gorge, devant sa coiffeuse. Alors elle se couvre et s'écrie : « Oh, Marlon, s'il te plaît, chéri, je m'habille ! » À quoi il répond : « C'est bien pour ça que je suis là, pour être sûr que tu t'habilles de façon *convenable*. » Il lui arrive de poser les mains sur ses seins. Avec un demi-sourire, Stella le menace : « Marlon, ne fais pas ça ou je te gifle. » Ils flirtent souvent de la sorte. Brando avoue même qu'une vraie liaison se dessinait entre eux, « mais elle ne s'est jamais concrétisée. Stella a su me rassurer sur moi-même à un moment où j'en avais besoin. [...] Quand je me trouvais dans le plus grand désarroi, tant d'un point de vue psychique qu'affectif, non seulement elle m'a offert ses compétences et son talent de professeur, mais elle m'a aussi ouvert son foyer et son cœur. »

En fin de soirée, après le départ des invités, Brando tente avec peine de décrire les sentiments ambigus qu'il éprouve à l'endroit de sa mère. Bienveillants, Stella et Harold l'écoutent sans impatience. Clurman écrira plus tard que l'état de Dodie causait à Brando une souffrance indicible. « Les douleurs aiguës de son enfance s'étaient logées en un recoin caché de lui-même. Il ne parvenait pas à identifier ce que c'était. [...] Il se réfugiait derrière un masque, il s'était forgé une façade qui le poussait parfois à mentir, à simuler, à provoquer les autres et à leur jouer des tours pendables. » *I Remember Mama* tient l'affiche plus de sept mois, Brando s'ennuie donc sérieusement et il invente toutes ces blagues pour détendre l'atmosphère. En fait, il exaspère tout le monde avec ses mauvaises farces.

Ses activités théâtrales ne le détournent pas de la batterie. Il s'inscrit aux cours de danse exotique de Katherine Dunham, basés sur la musique africaine et les danses antillaises. Marlon prend de plus en plus de plaisir à jouer des congas. Cet intérêt le rapproche des Haïtiens, des noirs de Harlem et des Latino-Américains de New York. Son professeur de percussion se nomme Henri « Papa » Augustine, un *hungan*, le prêtre vaudou de la compagnie. Augustine lui apprend que chaque rythme a une fonction propre, comme de guérir les âmes ou d'éloigner le mauvais esprit. Le plaisir que prend Brando à jouer des congas va durer toute sa vie.

CHAPITRE 3

En février 1946, Stella convainc Clurman d'engager Brando pour une pièce dont il est le coproducteur avec Elia Kazan, son ancien collègue du Group Theatre. Il s'agit cette fois d'un drame tout ce qu'il y a de contemporain, écrit par Maxwell Anderson et intitulé *Truckline Cafe*, au cours duquel un groupe de personnes meurtries, perdues et désœuvrées, se retrouvent dans un restaurant bas de gamme de la côte Ouest. Brando doit interpréter le personnage de Sage MacRae, un vétéran de la Seconde Guerre mondiale qui vient d'assassiner sa femme infidèle et de jeter son corps dans l'océan. Plus tard, il avoue son crime dans un long monologue des plus poignants.

Notons que Clurman et Kazan considèrent cette pièce comme un défi lancé contre le théâtre insignifiant qui sévit à Broadway en cette période d'après-guerre. C'est d'une certaine manière un cri de révolte contre le statu quo. Certains dramaturges et intellectuels de New York, comme Anderson, Robert Sherwood (l'auteur de *Abe Lincoln in Illinois*) et le jeune Arthur Miller (qui va bientôt signer *All My Sons*, où on voit un industriel véreux qui, en toute connaissance de cause, vend au gouvernement américain du matériel aéronautique défectueux, provoquant ainsi la mort de 21 pilotes), cherchent alors à dépeindre un monde que la bombe atomique a transformé du tout au tout.

Au départ, Kazan ne tient pas à confier le rôle de MacRae à Brando, car l'audition s'est mal déroulée. L'acteur, en effet, a montré peu d'enthousiasme et articulait mollement. Mais Clurman insiste. Il répète que Marlon possède un authentique talent d'acteur et, bientôt, Kazan convient avec lui qu'il a l'étoffe d'une star. Il dira même « qu'on avait l'impression qu'il portait son spot avec lui en tout lieu ».

Précisons aussi qu'au début de 1946, Kazan est le metteur en scène le plus en vogue au pays. Son deuxième film, *A Tree Grows in Brooklyn,* a pris l'affiche depuis peu et la critique est excellente. Il a dirigé à Broadway, quelques semaines plus tôt, la pièce de Thornton Wilder, *Skin of our Teeth*, qui a remporté le prix Pulitzer pour le théâtre.

Kazan est alors un homme de 36 ans, râblé, les cheveux foncés, dont l'énergie est quasi « diabolique », disent certaines personnes. Il est toujours actif, empressé, il prend sans cesse des notes. Dans sa jeunesse, il rêvait de devenir écrivain — il signera plus tard des romans. Il estime que « la vie est à la fois ridicule et tragique. En ce sens, dit-il, j'appartiens au théâtre de l'absurde. » Fils d'un marchand de tapis originaire de Turquie, il est parti de rien, mais a suivi des cours d'art dramatique à l'université Williams, puis à celle de Yale, avant d'apprendre le métier d'acteur au sein du Group Theatre. Un temps, il a été régisseur de plateau pour Clurman, de sorte que ce dernier, plus âgé de quelques années, est devenu son mentor. Clurman, pour sa part, est un érudit fort loquace, et ensemble, ils discutent de tout.

Toutefois, à l'instar de Brando, Kazan n'est pas un homme très volubile. Lorsqu'ils se rencontrent la première fois, lors d'une répétition de *Truckline Cafe*, ils tournent l'un autour de l'autre comme des bêtes cherchant à se mesurer, puis s'éloignent sans échanger un mot. Avant qu'une année se soit écoulée, la carrière de Brando aura pris un tour décisif grâce au génie de Kazan, mais, pour lors, ce dernier n'est qu'un des coproducteurs de la pièce et se contente d'assister aux répétitions, assis dans la salle.

De temps à autre, les deux hommes jouent au basketball sur un terrain proche du quartier de Hell's Kitchen. Kazan aime se garder en forme, il pratique le tennis et parcourt la ville à pied durant des heures. Brando a les mêmes habitudes. De plus, Kazan fait de l'haltérophilie lui aussi. Aussi prennent-ils plaisir à s'entraîner ensemble. Mais quand ils jouent au basket, c'est à peine s'ils échangent un mot et en aucun cas ils ne parlent de la pièce en répétition.

Truckline Cafe aurait besoin d'une bonne réécriture et Kazan trouve que la mise en scène de Clurman manque de rigueur, de vivacité. Après quelques essais, certains acteurs de la troupe le prient d'en prendre carrément la direction. Ils prétendent que Clurman ne fait que parler de la pièce, de l'analyser, sans jamais passer à l'action.

Mais en vérité, c'est Brando qui cause le plus de problèmes. Sa diction est lamentable, il ne cesse de marmonner. Anderson, l'auteur, songe à le congédier. Clurman tient bon. Il pressent qu'il y a une vraie mine d'émotion enfouie dans ce jeune homme, mais que Brando ne sait comment l'atteindre ni la mettre en lumière. « Il ne pouvait exprimer ce qu'il y avait de plus profond en lui ; il en souffrait trop. C'était en partie la cause de son marmonnement. »

Un après-midi, Clurman demande à Brando de rester sur scène et renvoie les autres. Il lui ordonne ensuite de hurler son texte plutôt que de le réciter. C'est à peine si Marlon parvient à prononcer quelques mots. Clurman insiste : « Plus fort ! » Brando s'irrite quelque peu, mais sans succès. Les phrases restent coincées dans sa gorge. Voyant cela, Clurman lui demande de grimper à la corde qui pend depuis les cintres. Brando l'agrippe et monte comme un singe, tandis que l'autre le presse de crier ses répliques.

Alarmés par ces hurlements, les comédiens quittent leurs loges et viennent voir ce qui se passe. Quand il a terminé son monologue, Brando saute sur le plateau. Il a le visage écarlate et il souffle comme une forge. « On aurait dit qu'il allait me frapper », raconte Clurman. Puis, il lui demande de rejouer la même scène normalement et Brando s'exécute en articulant de façon distincte et avec émotion. Dès ce jour, son problème est résolu.

Mais c'est Kazan qui aide Brando à parfaire la scène, au cours de laquelle le personnage confesse son crime. Il lui suggère de descendre et de monter plusieurs fois l'escalier du sous-sol en courant, histoire d'être à bout de souffle au moment d'entrer en scène. De plus, quelques secondes avant qu'il ne fasse son entrée, des machinistes lui jettent un seau d'eau au visage. Il apparaît donc trempé, tremblant, et hors d'haleine. Pauline Kael, critique de cinéma qui assiste au spectacle, reconnaît qu'elle a d'abord cru que Brando était pris de convulsions. « C'est par la suite que j'ai compris qu'il jouait. »

Karl Malden a écouté le monologue depuis les coulisses ; il rapporte que Brando, en avouant avoir tiré six coups de feu sur sa femme, frappait six fois du poing sur la table avec une telle force qu'un soir elle s'est brisée en deux. Le public lui fait une ovation. Clurman prétend qu'il n'avait pas vu un acteur jouer avec tant d'ardeur depuis John Barrymore. « Il était sensationnel, dit-il. Il y avait une sorte de force explosive en lui. »

Sans doute doit-on croire ces témoignages, mais la critique attaque la pièce avec une telle férocité que Clurman et Kazan font parvenir une lettre ouverte aux journaux, pour dénoncer leurs détracteurs et les sommer de retirer leurs œillères. Ils expliquent que le théâtre d'avant-garde des années 1930 prend désormais une place prépondérante, qu'il n'est plus marginal comme à l'époque, mais dominant, que le public souhaite voir des pièces réalistes, où l'émotion prime sur le reste, enfin que le public sait à juste titre ce qu'il veut voir.

(L'avenir, bien sûr, leur donnera raison. De 1944 à 1954, le théâtre américain évolue et atteint sa pleine maturité, grâce à des dramaturges de la trempe d'Eugene O'Neill, William Inge, Tennessee Williams et Arthur Miller. La force de leurs œuvres fera oublier les années durant lesquelles Broadway ne présentait que des pièces insipides.)

En rédigeant leur lettre, Clurman et Kazan pensaient secouer l'opinion, mais nulle réaction ne se fait entendre et on retire la pièce de l'affiche après une semaine, même si tout le monde ne parle plus que de Brando. Kazan propose alors à Clurman de fonder un atelier d'art dramatique où les talents solides, mais encore verts, comme celui de Marlon, pourront se développer avantageusement, où comédiens et metteurs en scène feront des expériences à huis clos. Kazan expose sa nouvelle idée à Robert Lewis et la développe lors de leurs promenades dans Central Park.

C'est ainsi que l'Actors Studio ouvre ses portes l'année suivante, au dernier étage de l'Old Labor Stage, à l'angle de Broadway et de la 29ᵉ Rue. Le local est plutôt minable, mais Lewis et Kazan n'en ont cure. Lors de la toute première réunion, John Garfield, ancien membre du Group Theatre devenu vedette de cinéma, reçoit les invités et les élèves, au nombre desquels figurent Julie Harris, Maureen Stapleton, Shelley Winters, Marlon Brando, Kevin McCarthy, David Wayne, Anne Jackson, Montgomery Clift et Eli Wallach. Ils sont venus entendre Kazan leur annoncer qu'il désire créer une nouvelle génération de comédiens et peut-être même inventer avec eux un nouveau langage théâtral. « Il ne s'agit pas d'un club, précise-t-il, mais bien d'un centre d'entraînement pour acteurs, où chacun pourra s'exercer. Tout le monde doit s'attendre à travailler dur. » Sans détour, il ajoute que les tire-au-flanc seront renvoyés.

L'Actors Studio voit donc le jour au début de la guerre froide, au moment où Truman impose ses lois antigrèves et à l'époque où on fonde la CIA. La formidable énergie déployée par les premières vedettes du Studio est donc un cri de protestation contre les nouvelles politiques en vigueur et un appel d'espoir tout en même temps. Kazan estime que son travail consiste « à transformer la psychologie en un comportement ». Il préconise un théâtre réaliste, basé sur la performance physique des acteurs et sur leurs émotions. Il entend rompre avec le jeu trop artificiel des comédiens d'antan, comme il l'a fait au théâtre et au cinéma, lorsqu'il était à la Nouvelle-Orléans ou au Mississippi. Kazan ne veut pas « juste divertir les gens, mais faire en sorte, qu'après le spectacle, ils conservent une vive émotion et que celle-ci soit de nature à modifier leur existence ».

Là-dessus, Hollywood commence à courtiser Brando. Notre homme consent à se présenter à une audition, mais il manifeste son mépris pour le cinéma en jouant au yo-yo devant ses juges au lieu de réciter le texte. De toute évidence, il est indifférent au succès qu'il remporte ; il a l'impression qu'il ne correspond pas à l'image du jeune premier, ou à celle de l'acteur principal comme on le conçoit d'ordinaire. Il a même le sentiment de n'appartenir à aucune catégorie.

Aussi ses condisciples le félicitent de ne pas « se vendre » au cinéma. Ils le voient comme un chef, qui deviendra leur porte-parole. Tous les élèves de la classe de Stella pensent de même, car pour les jeunes comédiens new-yorkais d'alors, le théâtre est la seule chose qui compte vraiment, bien qu'à Broadway, il soit déjà supplanté par le cinéma. Désormais, ce sont les amateurs de films qui remplissent les immenses salles du Capitol et du Paramount. Même

Brando va plus souvent au cinéma qu'au théâtre. Il fréquente le Museum of Modern Art, où on présente des films
de répertoire, comme les classiques de Chaplin ou *La
grande illusion* de Renoir.

Cela étant dit, il assiste tout de même à une pièce à
grand succès, *Life with Father*, et à la comédie musicale
Oklahoma! Comme il se promettait de le faire, il va entendre
Montgomery Clift dans *The Searching Wind*, de Lillian
Hellman, car Clift, lui, est vraiment un jeune premier et,
d'une certaine manière, son rival. Brando le trouve épatant
et va le lui dire en coulisses après le spectacle. De fil en
aiguille, les deux acteurs deviennent bons amis. Ils sont nés
tous deux à Omaha, mais leurs similitudes se bornent à
leur lieu de naissance. Clift est un homme plutôt réservé,
méditatif, et il possède une technique étonnante. Enfant de
la balle, il est rongé par l'ambition, tandis que Brando se
distingue avant tout par son côté sensuel, un peu rustre.
Souvent, il donne l'impression de considérer la carrière
théâtrale comme une plaisanterie pour dilettantes.

Il est intéressant de noter que Montgomery Clift fait ses
débuts à Hollywood dès 1948, avant Brando donc. Il est le
premier à incarner un jeune révolté dans un western, *Red
River*, où John Wayne lui flanque une solide raclée. Ce n'est
que plus tard, au début des années 1950, que Brando prendra la relève et deviendra pour tous le prototype du mâle
américain, du macho venu d'ailleurs, si profondément

attaché à telle cause, ou à telle personne, qu'il se croit forcé de feindre l'indifférence.

Quand les deux comédiens se trouvent à New York, il n'est pas rare qu'ils se présentent aux mêmes réceptions. « C'était drôle de les voir ensemble, rappelle Kevin McCarthy. Montgomery était toujours tiré à quatre épingles, plutôt distant. Marlon s'amusait à le provoquer et l'autre l'ignorait. Un jour, Marlon demande à la ronde en plaisantant "C'est quoi son problème ? Il joue comme s'il avait une spatule dans le derrière et voudrait que tout le monde fasse comme si de rien n'était ?" »

Guthrie McClintic, producteur et metteur en scène des plus influents, a vu Brando dans *Truckline Cafe*. Il pense qu'il ferait un excellent Marchbanks dans *Candida*, de G. B. Shaw, pour donner la réplique à sa femme, Katherine Cornell, la Sarah Bernhardt américaine. Mais Brando frissonne à l'idée de se trouver en scène avec elle. À la fin des années 1940, Broadway est toujours dominé par les femmes. Ce sont les fameuses actrices, les Helen Hayes, Ruth Gordon ou Judith Anderson, qui mènent le bal et règnent sur les affiches. Pour tout dire, Brando ne se sent pas de taille à affronter Cornell, mais Stella le presse d'accepter la proposition et Dodie en remet quand elle lui parle au téléphone.

La présence de Cornell et de Brando sur la même scène fait de cette reprise de *Candida* un événement presque historique, car Brando va très bientôt incarner le réalisme psychologique propre au théâtre des années 1950, alors que Katherine Cornell est la dernière grande dame de la vieille école. Elle joue de manière exaltée, en faisant de grands gestes, avec des vibratos dans la voix, ce qui prête à ses interprétations un caractère hautement romantique. Dans son autobiographie, Brando lui rend un hommage mitigé : « Katherine Cornell était très comme il faut, très jolie », mais il ajoute aussitôt que son jeu se distinguait par son inconsistance. « [Je m'évertuais] en vain à entrer en contact avec cette nébuleuse : autant essayer de mordre dans un pépin de tomate. » Toujours est-il que durant les 24 représentations de *Candida*, la scène du théâtre Cort devient non seulement le piédestal du jeune Marchbanks récitant des sonnets à sa bien-aimée, mais le point de rencontre où le théâtre d'hier passe le témoin à celui qui va naître.

La critique trouve la performance de Brando efficace, saisissante, car il paraît authentique et tout en retenue. Mais le principal intéressé éprouve un immense soulagement après la dernière représentation.

La réputation de Brando et la séduction qu'il exerce s'étendent maintenant au-delà du théâtre et des cercles artistiques. Truman Capote parle de son « physique de salle de gym. Ses bras d'haltérophile, sa poitrine de culturiste faisaient un contraste saisissant avec ses traits ». Curieusement, ajoute-t-il, c'est comme si on avait « collé la tête d'un inconnu sur un corps musclé ». En effet, Brando a le visage d'un poète angélique, doux et raffiné, des yeux tendres, tristes et une bouche presque féminine. « Il était comme un champ magnétique, précise Sondra Lee. On était tous attirés vers lui, les hommes, les femmes, les animaux, et il ne savait plus comment composer avec tout ça. »

« Il avait cette faculté de retenir toujours quelque chose en lui, explique le comédien Freddie Sadoff. Il avait créé ce personnage mystique et nous ne cherchions pas à le faire sortir de sa coquille. » Sondra Lee, Janice Mars, les acteurs Carlo Fiore, Billy Redfield, Maureen Stapleton et Sadoff lui-même font partie de la bande qui suit Brando dans tous les quartiers de Manhattan, comme s'il était « le joueur de flûte d'Hameln ». Ensemble, ils vont parfois écouter du jazz à Harlem, en compagnie de William Greaves, un comédien noir, qui leur sert de guide dans ce district de la ville.

D'autres jours, ils envahissent l'appartement que Cox partage avec Brando, dans la 57e Rue, où la porte n'est jamais verrouillée. On y croise souvent plus de 15 personnes à la fois, qui vont et viennent dans les pièces comme s'ils se trouvaient dans une gare routière. « Chacun était à son affaire, rappelle Maureen Stapleton. Un couple pouvait jouer aux échecs ici, et une fille croquer une pomme, accoudée à la fenêtre. »

« Marlon était notre chef, poursuit Sondra Lee. Il entrait dans une pièce, attirait quelqu'un dans un coin, ou plusieurs personnes, et s'entretenait avec chacune d'elles en particulier, en catimini, comme un conspirateur. On avait l'impression d'être pour lui la personne la plus importante qui soit sur terre et il faisait en sorte de nous procurer cette impression. Marlon avait plusieurs groupes d'amis et ne les mêlait pas. Il y avait les paumés, les excentriques, il y avait les intellectuels, comme Harold et Stella, qui étaient ses mentors et qu'il vénérait. Enfin, il y avait ses amis plus intimes, comme Celia et Wally. » Il conservera des liens plus ou moins étroits avec chacun d'eux durant les 40 années à venir, sauf si certains, comme Carlo Fiore l'a fait, publient des livres indiscrets sur son compte, ou parlent de lui aux journalistes. Dans ce cas, il coupe les ponts et ne leur adresse plus la parole.

Brando confiera un jour à Truman Capote qu'il se lie prudemment avec les autres, tournant d'abord autour d'eux, puis les introduisant dans son cercle. Ensuite, il se retire, il prend de la distance. Dès lors, « ils ne savent plus ce qui leur arrive. Et avant même qu'ils n'en aient conscience, ils sont pris au piège, entraînés dans le mouvement. Je les tiens. Il arrive parfois que je sois tout ce qu'ils possèdent. [...] Mais je veux les aider, et ils s'attachent à moi. »

Les maîtresses de Brando, qui sont déjà légion, entrent et sortent de l'appartement à toute heure du jour ou de la nuit. Il y a parmi elles des latinos, des asiatiques, des femmes venues de loin, au teint bistre, certaines sont d'humeur fantasque, ou instables, la plupart d'entre elles sont jolies, bien que ce ne soit pas toujours le cas. Nana, la grand-mère de Brando, raconte qu'il se prenait parfois de pitié pour des femmes au physique vraiment ingrat, « des bigleuses, des obèses ».

D'après Janice Mars, il préférait les femmes plus âgées que lui. « Il était à la recherche d'une mère de substitution et il éprouvait le besoin tordu d'humilier les femmes pour voir jusqu'où elles lui pardonneraient sa conduite. [...] Pour lui, le sexe n'avait guère plus d'importance que de savourer une tablette de chocolat, ou d'avaler une aspirine. »

Après *Candida*, il jouit d'un bref répit, puis enchaîne avec les répétitions de *A Flag is Born*, pièce de Ben Hecht qui traite du problème des réfugiés juifs tentant de gagner la terre promise. Paul Muni y joue le rôle principal et Luther Adler s'occupe de la mise en scène. Il s'agit en fait d'une œuvre de propagande, favorable à la création d'un État juif au Moyen-Orient. La pièce est financée par la Ligue américaine pour une Palestine libre.

Brando est ravi de travailler avec Paul Muni, il a vu tous ses films et le tient pour l'un des meilleurs acteurs qui soient (là-dessus, son opinion n'a pas changé). Il apprécie tout particulièrement le fait que Muni n'incarne jamais le même type à l'écran, qu'il ne cultive pas une seule et même image. Il admire son aptitude à changer de peau, à se déguiser. Qu'il incarne un gangster dans *Scarface*, un coolie chinois dans *The Good Earth*, ou encore Émile Zola, défenseur de Dreyfus, Muni porte invariablement un masque. Stella explique à Brando que Muni prolonge la tradition du théâtre yiddish (où Muni a fait ses premiers pas). Les comédiens capables de se transformer sont bien plus admirables, dit-elle, que ces autres qui interprètent toujours le même personnage, ou qui exploitent le même filon.

Dans *A Flag is Born*, Brando tient le rôle d'un jeune juif cynique. À la fin de la pièce, il se lance dans un monologue qui est le clou du spectacle. Se tournant vers le public, il s'écrie : « Vous avez laissé mourir six millions de gens. » Le personnage fait ensuite le serment de lutter pour que le rêve des réfugiés se réalise, pour qu'ils gagnent enfin leur patrie. Brando donne une interprétation passionnée et subjugue son public tous les soirs.

A Flag is Born obtient un succès tout à fait inattendu. On avait prévu trois semaines de représentations, elles se prolongent trois mois. Mais Brando abandonne son rôle avant cela, pour participer à une campagne de financement destinée à venir en aide aux réfugiés. Il prend la parole et donne des conférences dans plusieurs synagogues de Manhattan et de Long Island. Il s'investit à fond dans les activités d'un groupe prônant la création d'un État juif et il épouse un temps, avec conviction, les idées sionistes. Des années plus tard, il soutiendra publiquement la cause des Palestiniens.

Durant l'hiver de 1947, Brando joue aussi dans *L'aigle à deux têtes* de Cocteau, avec l'une des stars les plus égocentriques de Broadway, la comédienne Tallulah Bankhead. Les répétitions, pénibles, se déroulent mal et Brando est congédié après quelques représentations seulement, car il s'évertue à voler la vedette à sa partenaire. Il s'agite sans cesse, se cure le nez, ajuste sa braguette pendant qu'elle livre son texte, il prend le public à témoin, ou s'en moque ouvertement, il se déculotte même une longue minute en plein spectacle, si on en croit l'attaché de presse, Richard Maney. Ce n'est pas tout. À dessein, Brando prend l'habitude de mâcher de l'ail avant d'embrasser l'actrice dans les scènes tendres. « J'évitais autant que possible que ma langue entre en contact avec la sienne, confie-t-il à un ami. Car pour une raison obscure, elle avait la langue particulièrement froide. » Il écrit à l'une de ses sœurs qu'il aurait préféré « qu'on le traîne sur des éclats de verre, plutôt que de faire l'amour à Tallulah ».

Il se retrouve donc sans emploi, mais il a mis de côté un peu d'argent et aide ses amis plus dépourvus que lui, en réglant leur loyer, ou en leur achetant des vivres. Quand certains d'entre eux doivent consulter un thérapeute, ou suivre un traitement par électrochocs, il paie la note. Outre cela, il défraie le coût de nombreux avortements. « Marlon était au mieux lorsqu'on lui demandait de s'occuper d'un tel et d'en prendre soin, rappelle Sondra Lee. Il se souciait vraiment de la douleur qu'éprouvaient les autres. » Il craint surtout de sombrer dans l'alcoolisme, comme ses parents, ce qui explique peut-être qu'il se gave de beurre d'arachide, de chips et autres saloperies, quand la déprime le gagne.

Au début de l'automne 1947, il loue tout un étage, avec Wally, dans un immeuble situé à l'angle de la 52ᵉ Rue et de la 10ᵉ Avenue ; ils y déménagent leurs pénates : des matelas, des piles de bouquins, un instrument à vent, le train électrique de Cox et la fameuse batterie de Marlon. Tous deux possèdent alors des motos et ensemble ils parcourent la ville, débarquent à l'improviste chez des copains, même au milieu de la nuit.

CHAPITRE 4

En SEPTEMBRE 1947, Brando écrit à son père et lui annonce une bonne nouvelle. « Cher Pop, je commence les répétitions le 4 octobre pour *Un tramway nommé Désir*. Je touche 550 dollars [par semaine] et suis en deuxième place sur l'affiche. Elia Kazan met en scène. Premier rôle féminin : Jessica Tandy. Karl Malden joue le second rôle masculin. C'est une pièce forte, violente et sincère : impact émotionnel plutôt qu'intellectuel. »

Pas un mot sur l'envergure poétique de cette pièce, écrite par Tennessee Williams, dont *La ménagerie de verre* a remporté deux ans plus tôt le prix décerné par une association de critiques de théâtre new-yorkais. Brando ne précise pas non plus que John Garfield et Burt Lancaster ont été pressentis pour le rôle de Stanley Kowalski et qu'on l'a choisi, lui, plutôt que ces respectables concurrents.

En fait, il n'y a pas eu d'auditions au sens strict. Il a suffi que Brando se présente au bureau de Kazan et discute un moment de l'œuvre avec lui. Pour tout dire, Kazan n'aime pas beaucoup les auditions. « Cela ne marche jamais, explique-t-il, pour cette raison qu'on ne distingue pas les véritables qualités de la personne qu'on a devant soi. » Ancien comédien lui-même, et peut-être le plus grand directeur d'acteurs qui ait vécu, Kazan décrivit un jour à l'écrivain Jeff Young sa façon de travailler. « Avant de confier un rôle important à qui que ce soit, je discute longuement avec lui et, très vite, il se met à me parler de sa mère, de ses infidélités conjugales — de tout ce qu'il se reproche. » Au lieu d'auditionner un comédien, Kazan préfère de loin boire un café avec lui et bavarder à bâtons rompus. Charmeur, passé maître dans l'art de manipuler les gens, il parvient en général à inspirer une telle confiance qu'on se confesse à lui sans réticence.

Comme metteur en scène, le génie de Kazan tient notamment à ceci qu'il choisit des acteurs dont la nature profonde correspond le plus possible à celle des personnages qu'ils doivent incarner. Quelques années plus tôt, par exemple, il a retenu les services de James Dunn, dans son film *A Tree Grows in Brooklyn*, non tant parce que Dunn est un comédien de première force, mais parce qu'à titre d'ancien alcoolique, il éprouve, dans sa chair même, la culpabilité de ceux qui cessent de boire.

Or Kazan retrouve chez Brando les traits physiques et psychologiques qui caractérisent Stanley Kowalski : le magnétisme animal, la détresse intérieure et certaines qualités juvéniles. En un sens, le personnage est une brute avec une âme d'enfant. Il y a chez lui une tendresse insolite et un curieux sens de l'humour que Kazan compte exploiter.

Lors de leur entretien, les deux hommes discutent brièvement de tout cela. Kazan expose son point de vue en lançant des remarques péremptoires. Brando se borne surtout à l'écouter. « Le thème principal du *Tramway*, explique Kazan, le conflit au cœur du drame, oppose le désir et la sensibilité à une certaine brutalité. On a affaire ici à des gens que la société a proscrits, le poète et la femme dingue. Si Stanley se montre cruel à l'endroit de Blanche, c'est qu'elle tente de lui ravir son appartement, son territoire, et l'autre essaie juste de sauver sa peau. »

Certes, Brando a lu la pièce, mais en son for intérieur il estime que ce rôle est une pointure trop large pour lui. Après quelques minutes, Kazan déclare qu'il n'en tient qu'à lui. S'il veut le rôle, c'est chose faite, Kazan le lui offre. Marlon demande à réfléchir. Durant deux ou trois jours, il cherche à joindre Kazan au téléphone pour refuser la proposition, mais la ligne est sans cesse occupée. Enfin, Kazan l'appelle et lui demande à brûle pourpoint : « Alors, c'est oui ou c'est non ? » Sans comprendre pourquoi il répond cela, Brando accepte le rôle. Sur ce, Kazan lui fixe un rendez-vous et l'envoie à Provincetown rencontrer l'auteur.

Williams, l'indolent dramaturge, est alors en vacances à Cape Cod avec son amant Pancho et une vieille amie, Margo Jones, directrice de l'Alley Theatre de Houston. Kazan a remis de l'argent à Brando pour prendre le car, mais comme il est sans le sou, il dépense tout pour acheter de la nourriture et fait le voyage en stop, accompagné de Celia Webb, sa maîtresse de prédilection. Ils arrivent à Provincetown avec deux jours de retard, au moment où le soleil se couche.

Ils trouvent Williams et ses amis à moitié ivres, dans une masure donnant sur la plage. On n'y voit goutte. « Il y a un problème avec l'électricité, annonce l'auteur d'une voix traînante. Et les toilettes ne marchent pas non plus. » Brando va jeter un coup d'œil, change les fusibles, puis débouche la cuvette. Cela fait, il s'assoit sur le canapé, le scénario en main. Tandis que Williams lui donne les répliques de Blanche, Brando lit quelques-uns des passages clés de la pièce. La réaction est immédiate. Margo Jones pousse un cri très texan et s'exclame : « Appelle tout de suite Kazan, c'est la meilleure audition que j'ai entendue. »

Peu après, Williams écrit à son agent, Audrey Wood : « Je ne peux pas vous dire mon soulagement qu'un tel Stanley nous tombe du ciel en la personne de Brando. Je n'avais pas pris conscience jusqu'ici de l'excellente opération que nous ferions en choisissant un très jeune acteur pour ce rôle. Le personnage de Stanley en ressort plus humain, au sens où sa brutalité ou bien son manque de cœur deviennent l'expression de la jeunesse plutôt que de la sénilité hargneuse. [...] La lecture de Brando, de loin la meilleure que j'aie jamais entendue, lui a insufflé une nouvelle valeur. J'ai l'impression qu'il a déjà réussi à construire un personnage à plusieurs dimensions, du genre de ce que la guerre a provoqué chez les jeunes vétérans. »

À cette réflexion, Harold Brodkey ajoutera celle-ci dans *The New Yorker,* 40 ans plus tard :

> La figure du jeune père ouvrier inventée par Brando fut une innovation artistique de tout premier plan. [...] À bien des égards, il incarnait une sorte de soldat inconnu, non pas mort, bien sûr, mais désormais privé d'âme, conséquence de la Deuxième Guerre mondiale.

À Provincetown, ce soir-là, les hôtes et leurs invités partagent des plats préparés. Puis Williams récite des poèmes, en tirant sur son porte-cigarettes, un sourire évanescent aux lèvres. Vers minuit, Marlon et Celia s'enroulent par terre dans une couverture et les autres regagnent leurs couchettes.

Le lendemain matin, Brando propose à Williams d'aller se balader sur la plage. « Et j'ai accepté », rapporte l'auteur dans ses mémoires. Ensemble, ils traversent les dunes et se rapprochent de la rive, où les vagues frôlent leurs pieds nus. « Nous sommes retournés à la maison en silence, poursuit Williams. Ni Marlon ni moi n'avons échangé un mot sur la pièce, ou sur quoi que ce soit d'autre, du reste. Mais jamais je n'avais vu un homme d'une pareille beauté. » Quelques heures plus tard, il prête à Brando l'argent nécessaire pour prendre le car et retourner à New York avec Celia.

Une fois dans la métropole, Brando fait une nouvelle lecture devant Kazan, qui commence à se méfier de ses méthodes de travail imprévisibles, même si Williams l'a assuré que Marlon possède l'humanité et l'originalité requises pour interpréter Stanley à la perfection. Dès septembre, Jessica Tandy, qui va tenir le rôle de la malheureuse Blanche DuBois, rencontre son partenaire et se met à travailler le scénario avec lui, sous la direction attentive de Kazan. Ce dernier a en outre engagé Kim Hunter, âgée d'à peine 21 ans, pour interpréter Stella, l'épouse de Stanley, enceinte de plusieurs semaines, et Karl Malden pour jouer Mitch, le vieux copain de Stanley.

Les répétitions se déroulent au New Amsterdam Roof Theater, un lieu sinistre et poussiéreux, au sommet d'un immeuble à bureaux de la 42e Rue. Le premier jour, l'équipe se rassemble autour d'une table et Kazan présente tout le monde à la productrice, Irene Selznick. Brando, vêtu cette fois d'un pantalon kaki et d'un T-shirt crasseux, répète en marmonnant que Garfield devrait tenir le rôle de

Stanley à sa place. Tennessee Williams est présent lui aussi et cherche à reconnaître ses personnages en dévisageant les acteurs autour de lui. Kazan déclare que « les dialogues ne seront pas retouchés ». Là-dessus, Williams émet un gloussement bien senti, puis confie que le *Tramway* sera sans doute sa dernière pièce, car il souffre d'un cancer du pancréas et n'a plus assez d'énergie pour entreprendre autre chose. En vérité, Williams et Kazan travailleront sur quatre projets encore : *Cat on a Hot Tin Roof*, *Sweet Bird of Youth*, *Camino Real*, et *Baby Doll*.

Au cours de la première semaine, Kazan s'intéresse d'abord aux « relations » mises en œuvre dans la pièce, qu'il qualifie de « tragédie poétique ». Il encourage les acteurs à improviser, même à interpréter des scènes imaginaires, antérieures à l'action, afin de mieux camper les personnages. Certains de ces exercices visent à briser la technique trop rigide acquise par Jessica Tandy à la Royal Academy de Londres et qui est devenue chez elle une seconde nature. « Je voulais qu'elle se montre plus vulnérable », précise Kazan. Il va même jusqu'à la ligoter avec une corde, puis à demander aux autres de se moquer d'elle. « Je lui ai fait subir un tas d'épreuves à ce moment-là, pour qu'elle se sente démunie, ou pour qu'elle exprime ce que j'attendais d'elle », ajoute-t-il.

Brando, lui, n'improvise pas ; il s'en tient au texte écrit. Lors de rencontres avec Jeff Young, Kazan racontait que

Brando avait alors « une telle expérience, qu'il suffisait d'attirer son attention sur ce qu'on voulait pour obtenir des résultats. Même son écoute était active. On avait l'impression de jouer d'un instrument de musique. Il ne vous regardait pas, c'est à peine s'il entendait ce que vous disiez. Il n'écoutait pas d'une façon intellectuelle ou mentale, il était syntonisé sur vous. C'était à la fois étrange et mystérieux. Je le connaissais si bien à cette époque-là, que je me bornais à lui donner de petites indications et ça mettait en branle une foule de choses en lui. »

Mais Brando, indocile et d'humeur changeante, demeure une énigme pour les autres membres de la troupe. Au bout d'une semaine, il apporte un lit de camp dans la salle et couche sur place. Parfois, il disparaît durant des heures pour ne revenir qu'à la fin des répétitions. On remarque qu'il a le teint pâle, le visage mal rasé. Irene Selznick se souvient qu'à l'occasion Kazan mettait son bras sur l'épaule de Brando et bavardait avec lui. « C'était extraordinaire de voir un homme aussi dur que Gadge [le sobriquet de Kazan] se montrer tendre comme ça. Il lui filait ensuite un peu d'argent et l'envoyait manger quelque chose. »

Au fond, Marlon éprouve d'immenses difficultés à s'approprier le rôle. D'abord, il ne parvient pas à mémoriser son texte et il a l'air anxieux, déprimé. Un jour qu'il baragouine plus que d'ordinaire, Jessica Tandy s'exclame :

« Mais articulez ! Je n'entends pas un putain de mot de ce que vous dites. » Il s'excuse, mais la situation ne s'améliore pas tout de suite. Les relations entre les deux personnages principaux sont pour le moins tendues et Kazan exploite leur rivalité au bénéfice de l'œuvre.

Afin d'aider Brando à se concentrer davantage, Kazan lui recommande de manipuler des accessoires, des objets symboliques, question de mieux saisir le personnage et de transmettre ses sentiments, comme la bouteille de bière que Stanley vide d'un trait, ou le cigare qu'il suce comme une tétine. (Plus tard, dans ses films, Marlon retiendra la leçon et se fera une joie de l'appliquer. On se souvient de l'usage qu'il fait d'un gant dans *Sur les quais*, ou du chat que le sinistre chef de la Mafia caresse affectueusement dans *Le parrain*.)

Une fois la répétition terminée, Kazan va lever des haltères avec lui. Il veut aussi que Marlon suive un régime et qu'il apprenne à boxer. « Stanley est particulièrement fier de son corps. Celui-ci l'aide à oublier l'insatisfaction profonde qui l'habite. » À mesure qu'il prend confiance en lui, Brando adopte la démarche et l'air de défi qui conviennent au personnage. « Tout soudain, rapporte Phil Rhodes, il s'est mis à imiter la dégaine de Gadge. »

Après quelques semaines, le metteur en scène l'introduit peu à peu dans le cercle de ses intimes. À deux ou trois reprises, Kazan l'emmène à l'Actors Studio et Marlon remarque qu'il fréquente plusieurs femmes en même temps. Au terme de leurs promenades en ville, Kazan l'invite à l'occasion chez lui, dans l'East Side, où Brando fait la connaissance de Molly, la patiente épouse. Il lui arrive même de garder Nick, le jeune fils des Kazan.

Le metteur en scène est un homme plutôt amer, très viril et séducteur. Bientôt, Brando le perce à jour, puis commence à intégrer ses attitudes, ses regards, sa façon de marcher. On ignore si le metteur en scène en est conscient, ou s'il s'en fiche. Kazan écrit alors dans son journal : « Stanley (M. B.), tout comme E. K., est concentré sur lui-même, au point d'être fasciné par sa propre personne. »

Enfin, trois semaines après le début des répétitions, Brando saisit vraiment son personnage lorsque la costumière, Lucinda Ballard, le prie de l'accompagner et d'essayer des vêtements à l'Eaves Costume Company. Comme le raconte Peter Manso dans sa monumentale biographie (*Brando*), Lucinda songe à vêtir Stanley à la manière des ouvriers qu'elle a vus dans les rues de Manhattan, ceux qui creusaient des tranchées en pleines canicules, dont les « vêtements étaient si sales qu'ils leur collaient au corps ». Lucinda arrête son choix sur un ensemble insolite pour le théâtre — T-shirt et blue jeans — qui va devenir l'emblème de Brando, le nouveau symbole de la virilité américaine et la mode de toute une génération.

Lucinda teint quelques maillots en rouge, les lave et les assèche à plusieurs reprises, jusqu'à ce qu'ils aient bien rétréci. Elle les déchire même un peu à l'épaule droite, afin de laisser entendre que la femme de Stanley l'a griffé lors d'une dispute. Elle demande ensuite au tailleur de couper les jeans de manière qu'ils épousent le corps comme un gant, une seconde peau, et Brando les enfile sans porter de slip. La première fois qu'il se voit dans la glace, il constate que le pantalon met en valeur chaque muscle de ses cuisses. « Il était comme fou, rapporte Lucinda à Manso. Il dansait entre les vitrines [...], il décollait littéralement du sol, en s'exclamant : "C'est ça ! C'est ce que j'ai toujours voulu". »

La prochaine étape consiste à teindre ses cheveux blonds, ses cils et ses sourcils en brun ; alors la métamorphose est complète. C'est comme si le costume et le déguisement, d'un seul coup, permettaient au personnage d'émerger sur le plan émotif.

Dès lors, Marlon donne libre cours à ses instincts pendant les répétitions et il essaie de nouvelles idées, comme dans la fameuse scène du repas d'anniversaire, où il brise son assiette en la frappant de la main et qu'il demande : « J'ai déjà retiré mon assiette, vous voulez que je débarrasse les vôtres ? », avant de tout balancer par terre. La première fois qu'il joue cette scène du début à la fin, des éclats de porcelaine lui coupent les doigts, mais il poursuit sa réplique jusqu'au bout sans n'y rien laisser voir. Désormais, il ne joue plus, il habite le personnage.

Plus tard, il racontera à Pat Cox (l'épouse de Wally) comment il a trouvé les intonations de Kowalski : « Je suis une oreille, tu sais. » Eh bien, cette voix lui serait venue comme une révélation ; il l'a entendue en lui. Au début de son séjour à New York, en effet, il avait pris l'habitude de s'asseoir dans une cabine téléphonique de la 42ᵉ Rue et d'observer les touristes dans Times Square. Il prenait plaisir à relever leurs manies, leur façon de tousser, de cracher, de bafouiller aussi. Il notait leurs déficiences de langage.

Or, ces sonorités nasales, monocordes ou narquoises composent le registre vocal de Kowalski. Peu à peu, Brando trouve le moyen d'insuffler aux mots imprimés la tension qui existe, chez un homme qui a du mal à s'exprimer, entre ce qui sort de sa bouche et ce qu'il ne sait pas dire. Il avouera plus tard que l'allure de Stanley, ses attitudes, viennent en partie, elles aussi, des observations qu'il a faites à Times Square, quand il suivait du regard les types en chemise de nylon qui dînent dans des cafétérias, ou voient des spectacles pornos, « des mecs comme Stanley, qui saisissent leur tasse comme un animal referme sa patte dessus. Les Stanley de ce monde n'ont aucune conscience d'eux-mêmes, ni de leurs attitudes », dit-il.

Lors de la générale, Kazan et Williams sont renversés par l'émotion brute que Brando dégage. Stella Adler et

Hume Cronin (le mari de Jessica) assistent à la séance.
Cronin pense que sa femme pourrait faire mieux et demande à Kazan de l'encourager dans ce sens. Mais Kazan
a d'ores et déjà compris que l'interprétation volcanique de
Brando renverse l'équilibre de la pièce et la tourne à son
avantage. C'est vers lui — et non vers Blanche — que se
portera la sympathie du public.

Il craint d'ailleurs que Williams n'en soit contrarié,
mais pas du tout. L'auteur est enthousiaste, au contraire.
« Marlon est génial, dit-il. Laisse-le faire. » À son sens, le
Stanley de Brando est une première version du cow-boy
perdu en ville ou du prolétaire venu de la campagne, tel
que décrit par D. H. Lawrence.

À New Haven, le soir de la première, les machinistes
sont aux prises avec des problèmes techniques, les éclairages, fort compliqués, fonctionnent mal et la musique
connaît des ratés. Mais lorsque Brando entre en scène avec
ses jeans et son T-shirt, tenant son paquet de viande taché
de sang, le public, sidéré, en a le souffle coupé net.

Après la première représentation, Irene Selznick invite
l'équipe dans sa suite de l'hôtel Taft. Arthur Miller, à qui
Kazan a dit de venir, se joint à eux. Aussitôt arrivé, il
affirme être enchanté par le texte, la langue, par la liberté
d'expression et la poésie des dialogues. C'est si vrai,
qu'après la réception, il file droit à New York pour y terminer *La mort d'un commis voyageur*.

Thornton Wilder, l'auteur de *The Skin of Our Teeth* et professeur à Yale, se rend lui aussi à l'hôtel Taft ce soir-là, mais il manifeste moins d'enthousiasme. Il trouve que la pièce repose sur de fausses prémisses. D'après lui, aucune femme du Sud quelque peu distinguée, comme Stella, n'épouserait un type brutal comme Kowalski, encore moins se laisserait-elle séduire par sa violence sexuelle. Williams écoute poliment cette critique et, quand Wilder s'éloigne, il murmure à son voisin : « Ce type n'a jamais eu un bon coup. »

Après quatre autres séances à guichet fermé, la troupe se déplace à Boston, puis à Philadelphie, où l'accueil est le même qu'à New Haven. On ne parle plus que de Marlon Brando.

Un tramway nommé Désir prend l'affiche du Barrymore Theater de Broadway, le 3 décembre 1947. Un grand nombre de personnalités new-yorkaises et hollywoodiennes viennent voir Stanley Kowalski traquer Blanche DuBois, puis la forcer à reconnaître sa nymphomanie, son alcoolisme et le ridicule de ses rêves pathétiques. Le public est conscient d'assister à la naissance d'une nouvelle ère, de même qu'à la fin des vieux tabous sexuels. Car le thème de la pièce, le conflit opposant le désir à la brutalité, réveille l'antagonisme qui couve en chacun de nous de toute éternité.

Lorsque le rideau tombe, tous se lèvent et applaudissent durant près d'une demi-heure, jusqu'à ce que Kazan, l'air

renfrogné et les cheveux en bataille, monte sur scène, suivi
par un Tennessee Williams si décontenancé qu'il salue les
comédiens et oublie les gens qui lui font une ovation.

Plusieurs personnes extatiques envahissent ensuite la
loge de Brando. Cox y retrouve son ami qui épluche les
télégrammes. L'un d'eux, signé Williams, se lit comme suit :
« Fonce, mon gars, et donne toute la gomme. Du Polack
graillonneux, tu arriveras un jour au Danois ténébreux, car
tu as quelque chose qui fait du théâtre un monde d'immenses possibilités. »

Ce n'est pas faux. L'interprétation de Brando va révolu-
tionner le jeu des acteurs. Avec son rôle dans le *Tramway*,
il dévoile et met au jour des sentiments inquiétants, presque dangereux. Camille Paglia déclarera plus tard que
« Marlon Brando, avec ses marmonnements, ses grogne-
ments et ses sursauts d'énergie barbares a libéré l'émotion
théâtrale, asservie jusque-là par le texte et par les mots.
Brando a fait passer la nature américaine dans le théâtre
américain. C'est lui qui, en outre, a révélé l'originalité
américaine au monde entier. [...] Brando, le révolté sauvage et sexy, muet, bourru et mal élevé, annonçait déjà la
grande forme artistique des années 1960, le rock and roll. »

De 1947 à 1949, ceux qui ont la chance d'assister à une
représentation du *Tramway* découvrent une façon de jouer
absolument inédite. « C'était une sacrée expérience que de
voir Brando, avec l'aisance d'un caméléon, emprunter sou-

dain les tons criards et cruels de Stanley, écrit Truman
Capote. Et comment, à l'instar d'une salamandre pleine de
ruse, il se glissait dans le rôle au point que sa personnalité
s'estompait complètement. »

Marlon joue aussi au coup par coup, c'est-à-dire que
pour entretenir la flamme, il ajoute des détails, procède à
des modifications, ou à des ajustements inopinés. Kim
Hunter en témoigne : « C'était un stimulant défi que de
travailler avec lui. Certains soirs, il prenait des risques, faisait des changements parfois désastreux, mais chacun restait toujours *vrai*. C'est la raison pour laquelle on éprouvait
une telle stimulation. »

Brando agit ainsi, parce qu'au fond il n'aime pas le
personnage de Stanley. Dans son autobiographie, il s'en
explique :

> J'étais l'antithèse de Stanley Kowalsky, j'étais sensible de na-
> ture et il était dur. [...] Je pense que Jessica et moi ne collions
> pas dans nos rôles, et qu'à nous deux nous déséquilibrions la
> pièce. Jessica est une très bonne actrice, mais elle ne m'a jamais
> paru crédible dans le rôle de Blanche. Je crois qu'il lui man-
> quait la finesse, la féminité exacerbée du rôle. [...] Blanche
> DuBois était un papillon déchiré. [...] [Jessica] avait un jeu
> trop aigu pour susciter la compassion que cette femme méri-
> tait. [...] Les gens ricanaient de Blanche avec moi à certains
> moments de la pièce. Cela n'a jamais été l'intention de Ten-
> nessee. Je ne cherchais pas à rendre Stanley drôle, mais les
> gens riaient quand même, ce qui faisait enrager Jessica. Elle

m'avait pris en grippe pour cette raison, mais je me suis toujours dit qu'elle devait se douter qu'au fond ce n'était pas ma
faute.

Deux ans plus tard, dans le film tiré de la pièce, l'actrice
anglaise Vivian Leigh incarnera Blanche DuBois et en tirera
une interprétation poignante. Brando sera le premier à le
reconnaître.

Du jour où le *Tramway* prend l'affiche à Broadway, le
succès s'abat dru sur Brando. Hollywood le bombarde de
propositions. Cecil Beaton le photographie pour *Vogue*.
Les chroniqueurs du *Time*, de *Life*, *Look* et *Theatre Arts*
réclament des interviews. Irving Schneider, l'associé
d'Irene Selznick, rappelle l'attitude de Marlon dans ces circonstances : « Il essayait d'être aimable et digne devant les
reporters. Mais la plupart du temps, il parlait comme s'il
était à moitié endormi. Sa voix juvénile ne trahissait
aucune émotion, ce qui ne l'empêchait pas de bavarder
tout le temps, de façon un peu décousue. Il était très imbu
de lui-même. »

Au début de 1948, sans les prévenir, Brando rend visite
à ses parents qui ont emménagé depuis peu dans une autre
ferme à proximité de Libertyville. Leur vie a beaucoup
évolué au cours de la dernière année. Dodie assiste régulièrement aux réunions des alcooliques anonymes et joue
les porte-parole de cet organisme. Elle y a même acquis
ce qu'on peut appeler un titre, car très rares étaient les

femmes, à cette époque, disposées à reconnaître publiquement leur alcoolisme. Dodie prononce maintenant des discours durant les séances et parle des longues années où elle a souffert de ce mal. Son mari est entré, lui aussi, chez les AA. Le couple s'est rabiboché et mène, de toute évidence, une existence plus harmonieuse. Marlon note que sa mère porte souvent des jeans et s'occupe de son jardin, en fumant cigarette sur cigarette. Elle lit toujours beaucoup et s'intéresse en particulier à ce qui touche au spiritisme ou aux religions orientales.

On ignore comment Brando réagit à la réhabilitation de sa mère. Jamais il n'en fait état. Quand il parle d'elle, c'est pour répéter, sur un ton nostalgique, qu'elle était « ivrogne », qu'il devait prendre soin d'elle du temps de son adolescence. Maintenant qu'elle ne boit plus du tout, il sent peut-être qu'elle a moins besoin de lui et il est probable que cela lui pèse, sans qu'il s'en rende compte pour autant. Il raconte que ses crises d'angoisse ont été plus nombreuses et ses phases dépressives plus fréquentes à partir du moment où Dodie l'a quitté à New York. Jamais il ne précise que cela s'est produit après qu'elle fut entrée chez les alcooliques anonymes.

Bien sûr, Dodie est enchantée par le succès de son fils à Broadway. Voilà qu'il a réussi, qu'il réalise les rêves qu'elle caressait pour elle-même. Le père, de son côté, semble ravi que Marlon soit finalement « arrivé à quelque chose », mais il dit à qui veut l'entendre qu'il ne « comprendra jamais ce garçon ».

Marlon, lui, aimerait établir de meilleures relations avec son père. Quand ce dernier lui propose d'investir son cachet hebdomadaire de 550 dollars dans une entreprise, Brando accepte de lui confier l'argent même s'il n'en a guère envie, car il sait que son père n'est pas un homme d'affaires efficace ni très avisé. Cependant, il craint de le lui dire. Malgré son succès grandissant, Brando mène toujours une vie de bohème. Il n'a pratiquement jamais d'argent sur lui, car il en donne encore à ses copains démunis. Chaque semaine, il envoie son cachet à Brando père, qui lui verse une petite allocation, place le reste à gauche ou à droite, et tous deux évitent soigneusement d'aborder ce sujet.

En fait, tout au long de cette année-là, la gloire et le succès accablent Brando et lui causent des tas de problèmes. Comme on vient de le rappeler, il se plaint de crises d'angoisse plus aiguës, il souffre d'insomnie, de flatulences, d'atroces migraines aussi. Lorsque des gens l'aperçoivent à l'arrière d'un taxi et s'adressent à lui, il s'enfonce dans son siège ou prétend qu'il ne se nomme pas Marlon Brando. Souvent des jeunes filles le poursuivent dans la rue et il leur échappe en détalant. Rien ne l'indispose comme de se faire pointer du doigt dans les restaurants ou les boîtes de nuit.

Il avoue à Maureen Stapleton qu'il est terrifié à l'idée de pouvoir un jour tuer quelqu'un ou blesser un inconnu dans un accès de colère. « Mais il ignorait d'où lui venait cette rage, dit-elle, et ça l'effrayait. » Il se résout à en parler à Kazan qui lui suggère de voir son propre psychanalyste, Bela Mittelmann, spécialiste des maladies psychosomatiques.

Brando verra consciencieusement ce médecin durant les onze années qui vont suivre, et cela cinq fois la semaine quand il se trouvera à New York. « Tout le monde savait que [Mittelmann] était l'analyste de Marlon, rappelle Sondra Lee, et que cet homme occupait une place immense dans sa vie. Quand un problème surgissait, il disait : "Il faut que j'en parle à Mittelmann". »

Précisons que les années 1950 sont un âge d'or pour les psychanalystes. Tout le monde se met à les consulter. « Nous étions tous très conscients de cela, raconte Pat Cox. On ne demandait plus aux gens : "Qu'est-ce qui ne va pas ?", mais plutôt : "Tu n'es pas en phase avec moi". » Dans un article bien connu, intitulé « The Year It Came Apart », Arthur Miller ironise à ce propos. « Durant cette décennie, les gens se souciaient moins des injustices sociales que de leur envie de phallus, de leurs tendances et frayeurs parricides ou incestueuses, du refoulement de leur homosexualité. La culpabilité était redevenue l'affaire de chacun et, pour de nombreuses personnes, il était inutile ou du dernier ridicule de s'attaquer aux problèmes collectifs comme autrefois. C'était l'époque de la devise : je suis coupable donc je suis. »

S'il en va ainsi un peu partout, c'est encore plus vrai dans l'enceinte de l'Actors Studio, où on enseigne la Méthode, où on travaille sur les expériences, heureuses ou malheureuses, que les acteurs ont vécues. Kazan répète qu'il faut « transformer le traumatisme en jeu dramatique ». Il rappelle que Freud a entrepris ses recherches sur l'inconscient et les rêves au moment où Stanislavsky mettait au point sa Méthode, où il établissait des liens entre le comportement du comédien et sa vie intérieure.

Toutefois, quand Brando assiste aux cours de Robert Lewis, à l'époque où *Tramway* est encore à l'affiche, il constate que Lewis s'intéresse moins à l'aspect psychologique des pièces qu'aux œuvres mêmes, à celles du répertoire en particulier. Il demande aux élèves d'analyser les pièces de Tchekhov, de Shakespeare, il leur fait parler du dessein des auteurs et de leur style. Il conseille à Brando d'étudier un rôle dans lequel on ne l'attend pas, un contre-emploi en quelque sorte. « Je voulais qu'il oublie un peu ses expériences, sa nature, et qu'il fasse travailler davantage son imagination », rapporte Lewis. Aussi lui suggère-t-il de répéter une scène tirée de *Reunion in Vienna*, de Robert Sherwood, où il incarnerait l'archiduc Rodolphe Maximilien von Habsbourg, rôle qu'Alfred Lunt avait interprété brillamment dans les années 1930.

Lewis prie Brando d'imaginer les diverses facettes du personnage, tant sa mise que ses manies, de trouver le costume, le sabre, le monocle, l'accent autrichien, autant de détails qui camperont son archiduc. Marlon y consent, mais sans grand enthousiasme au départ, car il craint de n'être pas capable de jouer un rôle comique. Il examine d'abord les portraits des Habsbourg peints par Vélasquez, afin de reproduire, si possible, leur fameuse lippe. Il se demande quel genre de moustache lui conviendrait le mieux. Il s'entraîne à porter un monocle, à le faire tenir le plus naturellement du monde. Il choisit même les valses viennoises qui accompagneront la scène.

Le soir, il retrouve Karl Malden dans la loge qu'ils partagent au Barrymore et discute avec lui de cette nouvelle composition. « Marlon se demandait comment il allait procéder pour faire comprendre au public que l'ancien aristocrate en est réduit à conduire un taxi pour gagner sa vie, raconte Malden. Il se creusait vraiment la tête pour trouver une bonne idée, mais il ne m'a jamais dit ce qu'il comptait faire exactement. »

Brando travaille ce rôle durant des semaines, il fait traîner les choses, en prétendant qu'il n'est pas prêt. Ceci jusqu'au jour où il présente enfin ladite scène avec Joan Chandler dans le rôle de l'ancienne maîtresse, une femme élégante que l'archiduc veut reconquérir. Brando fait son entrée devant une salle remplie d'élèves qui ne l'ont jamais vu, pour la plupart d'entre eux, que dans le rôle du vulgaire Kowalski, avec des jeans et un T-shirt sur le dos. Le voilà vêtu comme un prince en grand uniforme, en costume de hussard, avec sabre au fourreau, monocle et fine moustache. Tout de suite, il va s'asseoir dans un coin de la scène et retire l'une de ses bottes, découvrant un grand trou dans sa chaussette, qu'il tente de masquer en étirant le tissu. Dépité, il soupire, puis remet sa botte. « C'était du pur Marlon, rappelle Malden, tout simple et astucieux. De cette manière, on devinait immédiatement les difficultés financières du personnage. »

Au milieu de la même scène, Brando doit séduire sa partenaire. Il traverse le plateau, gifle la comédienne, puis l'embrasse avec passion. Il lui demande ensuite : « On vous a déjà embrassée comme ça ? », ce qui ne figure pas dans le texte. La salle éclate de rire. Enfin Brando asperge de champagne le corsage de la jeune femme qui se débat en criant. Il achève le tout dans la bonne humeur, en prononçant ses répliques avec le plus pur accent viennois.

Le public applaudit généreusement, mais certains expriment leur désaccord. Dans son autobiographie, Karl Malden rappelle que « quelques-uns d'entre nous se demandaient si Marlon n'y était pas allé un peu fort avec Joan et s'il était permis de se conduire de la sorte. Il l'avait tout de même humiliée, blessée. Était-ce la pièce qu'on avait trouvée drôle, ou ce que Marlon avait fait à Joan ? » Mais Lewis écarte ces scrupules. Dans ses mémoires, *Slings and Arrows*, il affirme qu'en art « tout est recevable. Ce jour-là, Marlon nous a prouvé qu'il pouvait jouer n'importe quoi. Il était hilarant et tout à fait dans le ton de cette comédie légère, au point que tous ceux qui l'ont vu s'en souviennent aujourd'hui. »

Le *Tramway* tient l'affiche deux ans et, durant cette période, Brando cherche tous les moyens de se distraire. L'effort qu'il lui faut fournir chaque soir pour exprimer la violence de Kowalsky le rend presque dingue. Il s'en explique plus longuement dans son autobiographie :

Imaginez un peu ce que c'était d'entrer sur une scène à 20 h 30 tous les soirs avec l'obligation de se mettre à aboyer, crier, casser des assiettes, flanquer des coups de poing dans les meubles et *vivre* les mêmes émotions déchirantes, soir après soir, pour s'efforcer de les susciter chez le public. Un calvaire. Imaginez aussi ce que c'était de sortir de scène, après avoir tiré ces émotions de vous-même, et de vous réveiller quelques heures plus tard en sachant qu'il allait falloir tout recommencer. J'avais toujours eu le goût de la compétition, et quelque chose en moi se refusait à brader mon interprétation de Stanley Kowalski. Il fallait que je sois le meilleur : je puisais chaque fois au plus profond de moi-même pour trouver la force de bien jouer le rôle. Mais cela me vidait nerveusement, m'épuisait, m'abrutissait et au bout de quelques semaines je voulus arrêter. Cependant, c'était impossible, j'avais signé un contrat pour toute la durée de la pièce.

Sa façon de jouer varie sensiblement d'un soir sur l'autre. Parfois, il est sidérant, mais le lendemain il peut fort bien inventer des répliques, ou se présenter si tard au théâtre qu'il rate son entrée, enrageant du même coup ses partenaires, forcés d'improviser, et qui cherchent à leur tour à le déstabiliser. Il lui arrive aussi de renverser la situation du tout au tout par une remarque insolite. Outre cela, le déroulement de l'action l'oblige à rester 20 bonnes minutes en coulisses, ce qui bien sûr l'ennuie et l'impatiente. Il soulève alors des haltères pour se garder en forme et développer sa fabuleuse musculature. De temps à autre, il fait rapidement l'amour dans sa loge avec une fille de passage, ou encore, il va boxer avec Jack Palance, sa doublure, et d'autres membres de l'équipe. Comme il n'est pas un grand boxeur, l'un des machinistes lui casse un soir le nez par inadvertance et il doit terminer la pièce en tenant un mouchoir ensanglanté sur son visage, provoquant la colère de Jessica.

L'un et l'autre se disputent souvent. « Marlon ne supportait pas Jessica, raconte Phil Rhodes, et il cherchait à l'agacer, il la poussait à bout. » Un certain après-midi, le régisseur de plateau reçoit un appel anonyme, un appel de menaces. L'inconnu affirme qu'on tirera sur la comédienne le soir même, durant la représentation. Des policiers arrivent en renfort, surveillent la salle et le spectacle commence. Jessica joue avec tout le professionnalisme qu'on lui connaît et aucun coup de feu n'est tiré. Mais Malden se demande s'il ne s'agissait pas d'un autre tour, signé Brando. «Marlon adorait inventer des coups pendables, parfois cruels, écrit-il. Et il aimait ça encore plus, quand il parvenait à les réaliser dans le plus grand secret, sans la complicité de quiconque.» Des années plus tard, Jessica Tandy dira d'un ton sec et quelque peu rancunier: «À bien des reprises, de très nombreuses fois, j'avais envie de tordre le petit cou de Marlon Brando.»

Mais il ne peut s'empêcher de recommencer, semble-t-il. La nuit, après la représentation, il lui arrive de se pendre dans le vide, accroché à la corniche de son appartement, devant ses amis terrifiés, puis de remonter en riant aux éclats. Souvent, il s'introduit par effraction chez des voisins ou des connaissances pour leur emprunter un livre, ou simplement pour dormir ce soir-là dans des draps frais.

Toutes ces années-là, Brando demeure très proche de ses sœurs et en particulier de Jocelyn. En 1948, elle remporte elle aussi un grand succès à Broadway, dans une pièce intitulée *Mister Roberts*, où elle tient le rôle du seul personnage féminin, face à Henry Fonda, la vedette. Marlon est ravi que la carrière de sa sœur prenne cette tournure et il attend avec impatience que son ami Wally connaisse une semblable réussite. Pour lors, Cox vivote tant bien que mal, en travaillant dans l'orfèvrerie, avec Dick Loving, qui épousera plus tard Frances, l'autre sœur de Marlon.

À l'été de 1949, tout juste après la dernière représentation du *Tramway* — la 500ᵉ — Brando file à Paris, pour rencontrer, dit-on, le cinéaste Claude Autant-Lara, qui songe à lui confier un rôle dans *Le rouge et le noir*, adapté du roman de Stendhal. L'affaire ne se conclut pas et Brando profite de sa nouvelle liberté pour prendre des vacances. Il s'installe d'abord dans un petit hôtel assez minable et il passe une partie de ses journées dans les musées ou se balade sur la Rive gauche en admirant les splendeurs de la ville. Il jouit de son anonymat retrouvé. Celia Webb est justement à Paris, elle aussi. Ils se revoient à l'occasion. Brando rend visite à son amie Ellen Adler qui habite alors un bel appartement quai Voltaire, avec le musicien David Oppenheim, lequel deviendra plus tard son mari. Notre acteur fait en outre la connaissance de Jean Cocteau et de l'écrivain James Baldwin, qui lui présente le romancier Richard Wright.

Il passe de longues journées en compagnie de Christian Marquand, comédien fort séduisant et viveur invétéré, qui sera dans la suite l'un des amis les plus proches de Brando. Au moment où ils se rencontrent, Marquand ne sait rien du succès que l'autre remporte à Broadway depuis deux ans. En vérité, il ignore tout de lui. Ils trouvent simplement du plaisir à être ensemble. « Une entente immédiate », dira Marquand. Un soir, dans un café, Brando se met à jouer trois actes du *Tramway nommé Désir*, et il interprète tous les rôles à la fois. Roger Vadim et sa nouvelle épouse, Brigitte Bardot, accompagnent Marquand ce soir-là.

Vers la fin des vacances, Marlon voyage en Italie, passe quelques jours à Rome et se rend jusqu'à Naples. Un jour, après avoir garé sa voiture en pleine campagne, il s'allonge dans un pré couvert de fleurs, baigné par le soleil méditerranéen, et il s'assoupit. À son réveil, il découvre un beau ciel sans nuage et ressent, confiera-t-il plus tard à un reporter, « le seul moment de bonheur parfait que j'aie jamais connu ».

De retour à New York, il constate que certains de ses amis se sont introduits chez lui durant son absence (Wally travaillait alors à l'extérieur de la ville) et qu'ils ont tout volé, y compris les livres, les disques et les vêtements. En fait, il n'y a plus rien. À cette époque-là, Marlon faisait confiance à tout le monde, il se montrait aussi très généreux et hospitalier. Jamais il ne verrouillait sa porte et il savait à peine ce qu'il possédait. Il partait en voyage avec deux paires de jeans et quelques T-shirts.

À mesure que sa fortune et sa célébrité grandiront, notre homme deviendra plus méfiant à l'endroit de certaines connaissances, notamment « les crampons, les fauchés et autres paumés », rapporte Phil Rhodes. Cette méfiance dégénérera peu à peu en paranoïa. Brando aura l'impression que les gens veulent profiter de son argent, de sa gloire, ou exploiter son statut de vedette. « Il serait difficile de le lui reprocher, explique Pat Cox, car bien des gens l'ont effectivement exploité de très longues années. Wally le mettait en garde contre cela, mais il n'en tenait aucun compte. »

CHAPITRE 5

À LA FIN DE 1949, Brando signe le contrat de son tout premier film, *The Men* (*C'étaient des hommes*), produit par Stanley Kramer et réalisé par Fred Zinnemann, à partir d'un scénario de Carl Foreman. Ce dernier a fait de solides recherches et s'est inspiré de l'histoire d'un soldat, surnommé ici Ken Wilocek, dont la colonne vertébrale a été brisée par une balle allemande à la toute fin de la guerre. Paralysé des jambes, cet homme tente de recouvrer sa dignité malgré son handicap. On peut voir aussi dans sa paralysie une métaphore de l'impuissance que ressentaient les Américains durant les répressives années 1950, alors que les autorités constituaient des listes noires à tout propos et forçaient chacun à entrer dans le rang.

Mais Brando s'intéresse moins aux symboles qu'à l'histoire elle-même, car le public savait peu de chose, à l'époque, des jeunes gens qui emplissaient les hôpitaux pour anciens combattants un peu partout dans le pays, de leurs ménages brisés, de leurs fiancées disparues, et pour lesquels l'espoir de reprendre un jour leur ancien emploi était définitivement perdu. Comment trouver un sens à sa vie dans ces conditions-là ? Comment se faire une raison de tenir le coup ? C'est donc la situation dramatique dans laquelle sont plongés ces jeunes gens qui retient d'abord l'attention de Brando. Il estime que le scénario, son personnage aussi, ont une véritable portée sociale.

Dès son arrivée en Californie, il rencontre son nouvel agent, Jay Kanter, âgé de 21 ans, qui travaille depuis peu pour la MCA. Ils sympathisent tout de suite et Kanter deviendra l'un des rares conseillers en qui Brando fera confiance, voire l'une des seules personnes qui saura conserver son amitié à Hollywood. Car il faut le signaler ici, Brando déteste le milieu cinématographique, il abomine aussi l'obligation de vivre sans cesse sous le feu des projecteurs et le commérage des petits échotiers, toujours prêts à poser des questions idiotes. En secret, il craint de n'être pas photogénique. Il songe même, un moment, à voir un chirurgien esthétique pour remédier à cela. Ses mains l'embarrassent aussi, il se demande de quoi elles auront l'air à l'écran, car même durant sa jeunesse, elles étaient marquées, ridées comme celles d'un vieillard.

S'il n'apprécie pas le milieu du showbiz, Brando est tout de même heureux de retrouver plusieurs membres de sa famille en Californie. Betty Lindemeyer, sa tante, l'accueille dans sa petite maison de Eagle Rock, modeste banlieue ouvrière à quelque 20 kilomètres de Hollywood. Nana, la grand-mère, y habite aussi. Toujours fringante et de bonne humeur, elle parvient de temps à autre à remonter le moral de notre homme, car il vient d'apprendre que Jocelyn réclame le divorce et que son père a perdu des sommes importantes, après les avoir investies dans une firme de nourriture pour les bestiaux.

Avant de commencer à tourner, Brando surprend les journalistes par ses remarques désobligeantes sur Holly-wood et sur sa faune. Il qualifie la ville de bourgade sans intérêt, où règnent la paranoïa et l'amour de l'argent. Lors-qu'on l'interroge à propos de sa mère, il se borne à dire qu'elle est une ivrogne. Quant à son enfance, il prétend que ce fut un cauchemar. Les attachés de presse de Kramer décident donc de le tenir à l'écart des journalistes pour le moment.

De toute manière, Brando veut travailler son rôle avec le plus grand sérieux. On l'autorise à s'installer dans l'aile des amputés de guerre, à l'hôpital Birmingham de Van Nuys, où il se fait passer pour un paraplégique, comme son personnage, Wilocek.

Seuls certains membres du personnel et quelques patients connaissent sa véritable identité. Il peut ainsi se mêler aux autres, des ouvriers pour la plupart, des paysans, ou de simples soldats. Comme eux, il suit le programme de rééducation, passe des heures à basculer de son lit dans le fauteuil roulant. Il observe ses voisins qui s'entraînent à faire des tractions avec les bras et prend exemple sur eux.

Vers la fin de sa troisième semaine à l'hôpital, il est parfaitement intégré au groupe de vétérans, dont certains doivent paraître dans le film. Brando leur explique pourquoi il tient à partager leur vie. Puisque le film vise à sensibiliser le public à leur condition, il veut que son jeu soit aussi précis que possible. Certains se confient, lui parlent de la culpabilité qu'ils éprouvent à l'endroit de leurs épouses, privées désormais de relations sexuelles. Brando se lie en particulier avec l'un de ces invalides, qui s'entraîne depuis un an à allumer des cigarettes alors qu'il n'a plus l'usage de ses mains.

Le soir, Brando accompagne les autres dans un bar de la vallée de San Fernando, où tous s'enivrent, l'alcool étant pratiquement la seule consolation de ces malheureux. Brando, assis dans un fauteuil roulant, commande de la bière et rigole avec tout le monde. Un jour, une vieille dame un peu pompette se plante devant le groupe, se lance dans un sermon et promet à tous que Jésus les guérira s'ils se recommandent à lui et lui adressent leurs prières.

Marlon observe la dame avec attention puis, feignant un effort surhumain, se lève péniblement de son siège. Stupéfaits, les clients du bar interrompent leurs conversations en le voyant faire quelques pas hésitants. Convaincus qu'il s'agit d'un vrai paraplégique, les serveurs se portent vers lui pour le rattraper au besoin. Quelques instants après, la vieille dame, effarée, voit Brando hilare qui exécute un numéro de claquettes le long du comptoir, en répétant : « Je marche, je marche, je peux marcher », tandis que les vétérans se gondolent et l'applaudissent sans retenue. Puis il disparaît dans la nuit.

On s'amuse moins sur le plateau de tournage cependant. Brando a du mal à s'adapter aux techniques cinématographiques. Il ne parvient pas non plus à mémoriser son texte. L'habitude de tourner les scènes dans le désordre l'énerve passablement et il demeure tendu quand les machinistes ajustent leurs éclairages ou rebranchent les fils. « Il était soumis à une tension énorme, se rappelle Zinnemann. Il restait sur la défensive. J'ai téléphoné à Kazan pour lui demander conseil, il m'a promis que Marlon finirait par y arriver si j'étais patient, si je le laissais être lui-même. »

Il y arrivera en effet, même si les débuts sont pénibles, car l'obligation d'exprimer des sentiments, d'interrompre les scènes à tout instant, avant de les reprendre plusieurs fois de suite, a pour conséquence de drainer son énergie. Il doit par exemple jouer une scène émouvante au cours de laquelle Wilocek explique son impuissance à sa fiancée. Le jour prévu, Brando se présente au studio dès 7 h 30, s'enferme dans sa loge, écoute des poèmes et de la musique de circonstance pour se mettre en condition. Deux heures durant, il répète mentalement la même scène jusqu'à ce qu'il se sente prêt à la jouer. Mais, à 9 h 30, lorsqu'il s'assoit devant les caméras, il ne ressent plus rien. Le soir même, il visionne les rushes et juge sa performance inexpressive, désastreuse. C'est pour lui une rude leçon et, dès ce jour, il apprend à se réserver pour n'être jamais sec au moment des prises de vue.

Sous la rigoureuse conduite de Zinnemann et grâce à l'expérience de celui-ci, Brando parvient non seulement à maîtriser les façons de jouer propres au cinéma, mais encore à incarner de manière fort touchante un homme qui accepte son handicap, puis épouse sa fiancée. S'il n'est plus totalement lui-même, Wilocek trouve néanmoins un but à son existence. À un certain moment, sa nouvelle femme, interprétée ici par la lumineuse Teresa Wright, lui demande s'il veut qu'elle l'aide à monter l'escalier et il répond : « S'il te plaît ». Certes, il ne saurait y arriver seul, mais en reconnaissant cela, il acquiert une stature plus adulte. Du coup, il transcende l'image du mâle transmise habituellement par le cinéma, celle des héros virils, interprétés par les John Wayne et autres Clark Gable.

Cela dit, le film *The Men* se distingue d'abord par ceci qu'il marque les débuts de Marlon Brando au cinéma. Il est en quelque sorte une œuvre de transition, un trait d'union entre ce que l'acteur faisait jusque-là au théâtre et ce qu'il réalisera plus tard dans ses films. On voit ici le jeune Brando, parfaitement original, franc avec lui-même et tout dévoué à son personnage. Plus que n'importe quel autre comédien de l'époque, il personnifie le jeune Américain ordinaire. L'intérêt que Brando suscite dans le public et le succès qu'il remporte procèdent de ce mélange de force et de vulnérabilité qu'il dégage autour de lui. Comme dans le *Tramway*, sa rage et ses élans passionnels portent le personnage.

Pourtant, ce film ne fait pas de lui une star à Hollywood, comme la pièce de Williams l'a rendu célèbre à Broadway, même si la critique est enthousiaste. Le magazine *Time* estime que, pour son premier film, Brando a fait de l'excellent travail. « Son débit haché, hésitant, ses silences lourds, pleins d'hostilité, enfin sa parfaite imitation du paraplégique font oublier qu'on est au cinéma. Son jeu donne froid dans le dos comme si on était en présence d'un authentique invalide. »

Mais le film prend l'affiche en juillet 1950, soit 15 jours après le déclenchement de la guerre de Corée, à un moment où personne n'a envie de suivre l'histoire d'un paraplégique. On le retire des salles deux semaines plus tard.

Quelques mois après, Brando commence à tourner la version filmée du *Tramway nommé Désir* et, tout comme on n'avait jamais vu pareille interprétation au théâtre, ce qu'il va faire de Stanley, au cinéma, sera d'une originalité exemplaire.

Avec l'argent que *C'étaient des hommes* lui rapporte, Brando offre à ses parents une plus grande ferme à Mundelein, non loin de Libertyville, comprenant de vastes champs de maïs, une énorme grange et plusieurs massifs de lilas à l'entrée. Dodie adore cet endroit; elle passe ses journées à soigner son jardin et ses plantes. Elle possède aussi une camionnette et la conduit elle-même pour se rendre aux réunions des AA, d'où elle ramène parfois des amis qui partagent son dîner à la ferme.

Souvent, Marlon va rendre de brèves visites à ses parents. Il confie à sa mère qu'il se sent dépressif, puis prétend qu'il ne peut rester plus longtemps, car il doit revoir Mittelmann et poursuivre son analyse. Mais les crises d'angoisse le frappent toujours. Des gens l'ont vu, à une ou deux reprises, allongé sur le trottoir en attendant que la crise passe. Dodie lui présente donc une amie, ayant souffert du même mal, qui lui procure du Librium. Durant les 40 prochaines années, Brando prendra ce remède, non pas continûment, mais par phases, sans en tirer beaucoup de soulagement du reste.

Dodie, qui connaît bien sûr l'affection de son fils pour les animaux, lui fait cadeau d'un jeune raton laveur. Marlon et Cox le surnomment Russell, en souvenir d'un ami d'enfance. Dès le retour de Brando à New York, les deux hommes emménagent dans un nouvel appartement en face de Carnegie Hall et y installent la bête. Brando adore son nouveau compagnon. Il le conservera quatre ans, l'emportera avec lui sur les plateaux de tournage du *Tramway*, de *Viva Zapata!*, et même à Chicago, quand viendra le moment de participer à la campagne de promotion de *C'étaient des hommes*.

Durant quelques années donc, Brando emporte son animal partout où il va. L'un et l'autre se pourchassent dans l'appartement et se bagarrent affectueusement. Un jour, Russell détruit une montre-bracelet. Comme la plupart des animaux de son espèce, il aime s'ébattre dans l'eau et Marlon l'installe dans la baignoire, en prenant soin d'y placer quelques galets afin qu'il ait l'impression de se trouver en pleine nature. Russell passe des heures allongé au bord de la fenêtre, en observant les passants qui déambulent dans la 57e Rue. Parfois, Brando l'emmène dans les cocktails et le pose sur son épaule devant les invités.

AU DÉPART, lorsqu'on lui propose de reprendre le rôle de Stanley Kowalski au cinéma, Brando ne manifeste pas beaucoup d'entrain. Il pense avoir déjà tout donné au théâtre et estime ne pouvoir faire mieux. De plus, il craint qu'on ne dénature le projet en cours de réalisation. Comme Kazan, il redoute à juste titre que la machine hollywoodienne ne modifie le texte, voire qu'elle ne gauchisse le sens même de l'œuvre. Il décide donc de ne prendre aucune décision avant que la Warner et Charles Feldman, qui ont acquis les droits, ne règlent tous les problèmes que pourrait soulever le bureau de censure.

De fait, le Breen Office, qui s'occupe de ces questions, entend qu'on supprime la scène du viol. Tout de suite, Williams rédige une lettre convaincante et l'adresse directement à Joseph Breen. « Le viol de Blanche par Stanley, écrit-il, est une vérité essentielle de la pièce, sans laquelle elle perd son sens, à savoir le viol de tout ce qui est tendre, sensible et délicat, par les forces brutales et sauvages de la société moderne. C'est un plaidoyer poétique en faveur de la compréhension. » Sur ce point, Breen s'incline, mais il exige qu'on élimine tous les jurons et demande que Stanley soit « puni » à la fin. C'est la raison pour laquelle on voit, dans la dernière scène, Stella dire à son enfant qu'elle ne retournera plus vivre avec Stanley.

Malgré ces modifications, le film rend justice à l'âpre poésie de la pièce de Williams ; il nous rappelle aussi le tournant historique que ses représentations sur scène ont constitué pour le théâtre américain. Kazan avait d'ailleurs l'intention, il l'affirme lui-même, de tourner le *Tramway* « comme du théâtre filmé ». Un moment, il caresse l'idée de présenter des épisodes antérieurs à l'action, histoire d'expliquer pourquoi Blanche fut jadis contrainte de quitter la ville, mais bientôt il se ravise, estimant que ces ajouts atténueraient la puissance de l'œuvre, et il s'en tient au scénario d'origine. Oui, il faut que le drame se déroule tout entier dans les deux pièces étouffantes de cet appartement du Vieux Carré de la Nouvelle-Orléans.

Le 10 avril 1950, Brando accepte le rôle et les journalistes prennent connaissance des termes de son contrat. Il touchera 80 000 dollars (soit près du double de ce qu'il a gagné pour le film précédent). Au générique, son nom s'étalera sur toute la largeur de l'écran et sera reproduit en gros caractères sur les affiches, aux frontons des cinémas et sur les documents publicitaires. Brando obtient en outre un droit de veto sur les costumes, le maquillage et les interviews accordées durant la première semaine de tournage. Comme c'était déjà le cas pour *The Men*, aucune clause ne l'oblige à jouer ensuite dans d'autres films du même producteur, il reste donc libre de choisir ses futurs rôles. À la fin de juillet, il s'envole pour Los Angeles et s'installe chez Jay Kanter, son agent.

À l'exception de Jessica Tandy, tous les comédiens qui ont joué la pièce à Broadway se retrouvent sur le plateau. Brando répétera sa vie durant que la version filmée du *Tramway* est à son avis bien meilleure que ne l'étaient les représentations sur scène. Sans doute parce que Kazan a retenu cette fois les services de Vivien Leigh pour jouer Blanche. « Elle en avait la beauté mémorable, écrit Brando, l'une des plus grandes beautés de l'écran. » Bien entendu, il l'a vue durant son enfance interpréter Scarlett dans *Autant en emporte le vent* et il se souvient qu'elle y était extrêmement séduisante. Kazan, pour sa part, a l'impression que « Vivien était dévorée de l'intérieur par une chose qu'elle ne parvenait pas à dominer » et que son existence ressemblait à celle de Blanche, le « papillon déchiré » décrit par Williams. Il est vrai qu'elle souffre alors de fréquentes dépressions, qu'elle a des liaisons avec un peu n'importe qui et, sur le plan psychologique, que son état de santé commence à décliner.

La première fois que les deux comédiens se rencontrent, Vivien Leigh est exquise de beauté, délicieuse, et vêtue de la plus élégante des façons. Comme elle avait hâte de faire la connaissance de son partenaire, Kazan a organisé un déjeuner dans la salle à manger privée de Jack Warner, où il a convié la presse.

Tout de suite, Marlon demande à Vivien : « Pourquoi mettez-vous toujours du parfum ? », ce à quoi elle répond : « Parce que j'aime sentir bon, pas vous ? » « Moi ?, réplique Brando, je ne me sers même pas de ma baignoire. Je crache en l'air et je me place dessous. »

Vivien rigole, puis fait face aux questions des reporters, les priant d'abord de ne plus l'appeler Lady Olivier : « Tant de formalités, leur dit-elle, emmerdent Madame. »

Tout au début du tournage, ses relations avec Kazan sont tendues, car le mari de la comédienne, sir Laurence Olivier, a mis le *Tramway* en scène, à Londres, et Vivien suppose qu'elle n'a qu'à reproduire le jeu qui était le sien au théâtre. Les premiers jours, elle tente de s'expliquer : « Vous savez, quand Larry et moi jouions à Londres... », alors le réalisateur l'interrompt pour lui rappeler qu'elle ne tourne pas le film à Londres avec Olivier, mais qu'elle le fait ici avec eux, attitude qui rend l'actrice un peu nerveuse.

Brando et Vivien Leigh font une pause entre deux prises, durant
le tournage du *Tramway nommé Désir*, et discutent de la
surprise-partie qu'ils organisent pour l'anniversaire d'Elia
Kazan. (© *Photofest*)

Finalement, elle promet de ne plus répéter son texte, le soir, avec son époux.

Dès lors, elle suit à la lettre les directives de Kazan. « Elle avait la plus forte détermination à exceller que j'ai vue chez une actrice, affirme le réalisateur. Elle était prête à ramper sur du verre cassé si cela pouvait améliorer son jeu. » Anne Edwards, sa biographe, ajoute qu'elle arrivait la première au studio le matin et repartait la dernière le soir. « Vivien voulait que les spectateurs sachent comment Blanche était à 17 ans, amoureuse de son jeune mari. Aussi, s'entourait-elle d'objets propres à raviver ces sentiments-là, un carnet de bal, le présent d'un admirateur, une photo de la maison familiale. »

Souvent, quand il n'a rien à jouer, Brando s'attarde et observe Kazan au travail avec la comédienne. Il y prend plaisir, car « c'est une tâche délicate, écrit-il, que de susciter des émotions chez un acteur. [Kazan] était de ces rares metteurs en scène qui savent quelle dose de liberté accorder à leurs acteurs. Son instinct lui soufflait ce qu'il pouvait attendre d'eux. »

Peu à peu, Kazan parvient à transformer l'interprétation de Vivien Leigh, à la débarrasser des tics sur lesquels reposait son jeu jusque-là. Bientôt, elle paraît pitoyable et menaçante à la fois. Sa fragilité toute féminine est parfaitement authentique. Quand elle s'écrie : « Je ne cherche pas la réalité, je veux de la magie », on sait tout de suite à quoi elle fait allusion.

Cependant, Kazan donne fort peu d'indications à Brando. « Il n'y avait rien à lui dire, explique-t-il. Marlon habitait son personnage. Le plus intéressant, c'est qu'on le voit découvrir ici ses qualités féminines et en jouer, assez mystérieusement d'ailleurs ; même s'il avait interprété le rôle de Stanley 500 soirs à Broadway, quand je visionnais les rushs, j'avais l'impression qu'il faisait cela pour la première fois. Sa préparation, les souvenirs et les désirs du personnage, tout y était, il avait ça en lui, il me suffisait de l'aider à entretenir la fraîcheur de ses sentiments. »

Dans le film, Blanche et Stanley semblent davantage pris au piège l'un de l'autre qu'ils ne l'étaient sur scène ; les thèmes abordés par l'auteur gagnent aussi plus de relief. On voit mieux ce qu'il en coûte de reconnaître — ou de nier — les complexes ambiguïtés de la libido.

Le fait de travailler avec Vivien Leigh enthousiasme Brando et le motive énormément. « Il était vraiment attiré par elle, écrit Kazan, et il s'est servi de cette attirance pour étayer son personnage, alors que Jessica Tandy ne le fascinait pas du tout. » Ce qui explique peut-être, mais en partie seulement, les difficultés qu'ils ont connues à Broadway. Il en va tout autrement dans le film. L'extravagance érotique de Vivien, ses manières affriolantes, son côté belle du Sud et le léger déclin de son éclat, tout ceci allume Marlon, le provoque, et il réagit en exprimant une rage, une passion bien plus évidentes qu'au théâtre. Parfois, la brutalité qu'il manifeste à l'endroit de sa partenaire donne froid dans le dos.

À propos de leurs scènes les plus passionnées, la journaliste Molly Haskell écrit : « C'est comme s'ils avaient créé un cercle magique autour d'eux. Ils évoluent, non pas dans le réel, mais dans une zone d'irréalité qui leur est propre. Ils ont l'air de créatures nées d'un fantasme et Kazan, de façon instinctive, a su composer avec cela, puis canaliser leur énergie phénoménale pour lui donner, à l'écran, une dimension mystique faussement réelle. »

Souvent, Vivien se sent vidée, au point de ne plus se reconnaître elle-même. Elle confie à Brando qu'il lui arrivait d'entendre des voix quand elle interprétait la pièce à Londres. « Blanche est une femme dont l'existence s'est complètement délitée, explique-t-elle. C'est un personnage tragique et je comprends ce qu'elle ressent. Mais de jouer son rôle m'a menée souvent au bord de la folie. »

D'ailleurs, à la fin du tournage, Brando se rend compte qu'elle ne va pas bien du tout. Elle est tuberculeuse et, parfois, doit quitter le plateau avant la fin de la journée. La plupart du temps, Olivier reste dans sa loge et attend le moment de la ramener chez eux.

Tandis qu'on tournait le *Tramway*, la Commission sur les activités antiaméricaines (la HUAC) a déclenché une nouvelle enquête visant à traquer les communistes au sein de l'industrie cinématographique. Depuis quelque temps déjà, les grands studios avaient dressé une liste noire et plusieurs scénaristes, comédiens ou réalisateurs ayant refusé de révéler les noms de présumés communistes, avaient vu leur carrière brisée.

Brando ignore que Kazan est fort inquiet et qu'on s'apprête à l'interroger pour répondre de ses opinions politiques. Un jour, il révèle à Brando qu'il a été membre du parti communiste un court laps de temps, durant les années 1930. Avec Clifford Odets, il appartenait alors à une cellule, qui se réunissait de temps à autre dans les caves du théâtre Belasco.

Brando lui-même, on s'en souvient, frayait avec les mouvements de gauche, depuis l'époque où il soutenait la cause des réfugiés juifs, quand il jouait dans *A Flag Is Born*. De plus, en 1948, lors de la campagne présidentielle, il s'est déclaré partisan de Henry Wallace, allant jusqu'à inscrire « Votez pour Wallace », sur les autographes que lui tendaient ses admirateurs. Bien entendu, il a demandé à Kazan si ce dernier entend voter pour Wallace lui aussi, puisque le parti communiste appuie sa candidature, mais le metteur en scène s'est bien gardé de répondre. L'année suivante, en 1949, Marlon et sa sœur Jocelyn ont assisté à la Conférence mondiale pour la paix (événement dénoncé par la presse et les autorités), en compagnie de personnalités

comme Lillian Hellman et Norman Mailer, mais Kazan n'y
a pas mis les pieds. En fait, il cherche à se faire aussi discret
que possible, tant à Hollywood que partout ailleurs, refusant même de se présenter à une rencontre — houleuse —
de la Guilde des réalisateurs, au cours de laquelle les
membres prêtent serment de loyauté au pays, à main levée.
Plutôt que de se faire voir, Kazan préfère s'en tenir au
montage du *Tramway*. Mais il a beau avoir obtenu toutes
les autorisations du bureau de censure, ses problèmes ne
sont pas terminés pour autant.

Dans un premier temps, il est prévu que le *Tramway*
sera projeté au Radio City Music Hall au printemps de
1951, mais sa diffusion est suspendue, après que la Catholic
Legion for Decency a menacé de lui attribuer la cote C
(pour condamné) si on n'effectue pas certaines coupes. Les
autorités de cette ligue prétendaient que les catholiques
commettaient un péché en assistant à un film coté C. Sans
l'accord de Kazan et suivant les directives de Jack Warner,
la maison de production élimine donc quelques scènes,
afin de mettre en évidence la bonté du personnage de
Stella, d'une part, et d'accentuer la cruauté de son époux.
Ainsi, dans la séquence où on voit la jeune femme descendre l'escalier après une dispute avec Stanley, un gros plan
de son visage et la musique de jazz d'Alex North à l'arrière
plan, jugés « trop charnels », sont supprimés. Furieux,
Kazan proteste, mais ne peut rien là contre.

Le *Tramway* prend néanmoins l'affiche à la rentrée de septembre et obtient tout de suite un formidable succès, tant critique que public. Il remporte le prix de l'Association des critiques de cinéma new-yorkais et celui de l'Association des scénaristes. Les magazines *Time* et *Cue* l'inscrivent dans leur liste des meilleurs films, tandis que Bosley Crowther lui accorde carrément le titre de meilleur film de l'année. On encense le jeu de Brando, jugé extraordinaire. Outre cela, le *Tramway* obtient 12 nominations aux Oscars et trois acteurs du film, Vivien Leigh, Kim Hunter et Karl Malden, raflent la statuette lors de la cérémonie, en mars 1952. Toutefois, aucune mention — même honorable — n'est attribuée à Kazan, en raison de ses opinions politiques, affirme-t-il. Rappelons qu'il vient de comparaître à huis clos devant la HUAC pour prêter serment de loyauté et que le *Hollywood Reporter* a publié des extraits de son témoignage. Quant à Brando, l'Académie l'ignore totalement, même s'il vient d'offrir l'une des interprétations les plus innovatrices de toute l'histoire du cinéma.

Mais avec les listes noires qui s'accumulent, la censure prédominante, le récent jugement de la Cour suprême interdisant aux studios de monopoliser la production, la distribution et la présentation d'un même film, avec la popularité grandissante de la télévision aussi, l'industrie cinématographique vit alors des jours sombres et on se méfie de tout le monde. Pour les dirigeants des studios,

Brando représente peut-être l'avenir, mais il mange ses mots, il est farouche et toujours inconnu du grand public. Cela dit, ce n'est pas tant son mode de vie répréhensible, le fait qu'il vienne de Broadway, qu'il a fréquenté les milieux intellectuels de gauche, ceux de Stella Adler et de l'Actors Studio, qui braquent les grandes maisons contre lui. Non. Ce qui offusque vraiment Hollywood, c'est le mépris qu'il affiche à l'égard de la faune hollywoodienne.

Sa conduite peu orthodoxe a déjà fait les manchettes. Partout, on répète qu'il n'aime que les femmes de couleur ; on raconte qu'il a conduit sa voiture dans Hollywood Boulevard, avec une fausse flèche collée sur le front. Il y a plus grave. Brando refuse de s'incliner devant les pontes de la presse *people*. Il désigne la célèbre Louella Parsons du sobriquet de « la grosse » ; il parle de Hedda Hoppers comme de « celle qui porte un chapeau ».

Alors, pourquoi Hollywood s'intéresse-t-il à lui ? À cause, bien sûr, de son éblouissante prestation dans le *Tramway*. Mais, d'abord et avant tout, parce que sa personnalité en impose énormément. « Le personnage de Stanley les a tous baisés, explique l'acteur Anthony Quinn. Jusque-là, tout était bien convenable. Robert Taylor, Tyrone Power, Van Johnson... Et d'un seul coup, Brando arrive. C'était le personnage, le discours napoléonien : "Un homme est un roi, d'après cette foutue Constitution, un homme est un roi !" Cette déclaration a mis tout le monde sens dessus dessous. »

Pour lors, Brando se réfugie à New York et retourne à la New School afin d'y étudier le français. Déjà, il a décidé qu'il ne remonterait plus sur les planches, même sur celles de Broadway. Des années plus tard, il écrit à ce propos : « J'ai entendu dire ensuite que je m'étais vendu à Hollywood. D'une certaine façon, c'est vrai, mais je savais exactement ce que je faisais. Je n'ai jamais eu le moindre respect pour Hollywood. Pour moi, ce nom ne veut rien dire d'autre qu'avarice, superficialité, rapacité, grossièreté et mauvais goût. Mais jouer dans un film, c'est aussi ne travailler que trois mois par an et faire ce qu'on veut le reste du temps. »

CHAPITRE 7

UNE ANNÉE S'ÉCOULE entre le tournage de *C'étaient des hommes* et la diffusion du *Tramway nommé Désir*. Brando vit comme il l'a toujours fait. Il partage son appartement de la 57e Rue avec Wally Cox, qui est sur le point de connaître la célébrité lui aussi, en incarnant à la télévision le personnage de M. Peepers, un professeur de biologie excentrique et distrait, qui demande par exemple à ses élèves : Dites-moi, comment l'ornithologie peut être utile aux agents immobiliers ?

Au printemps de 1951, son père lui suggère de placer sa fortune dans des abris fiscaux, histoire de réduire ses impôts sur le revenu, et Marlon lui confie pratiquement tout son argent. Le père investit cette somme en se portant acquéreur d'un immense ranch à bestiaux dans les dunes du Nebraska. Dodie et son mari y emménagent, après avoir offert leur ferme de l'Illinois à Frances et Duck Loving, son époux. Pendant ce temps, à la New School, Marlon s'initie au français, à l'italien et à l'espagnol. Il fréquente toujours les Adler et consulte régulièrement son thérapeute, Bela Mittelmann. Malgré cela, son angoisse et ses phases dépressives le tracassent.

Pendant le tournage du *Tramway*, Kazan lui a fait lire le brouillon d'un scénario rédigé par l'écrivain John Steinbeck, qui relate l'histoire d'Emiliano Zapata, le révolutionnaire mexicain. Lors de la guerre civile mexicaine, en 1910, Zapata lutta par tous les moyens, y compris le meurtre et en provoquant des incendies criminels, pour rendre la liberté à son peuple. Dans la suite, il fut assassiné par ses propres partisans et les membres du gouvernement qu'il avait lui-même portés au pouvoir.

Certains spécialistes du cinéma affirment que ce film illustre bien les idées obsessionnelles, relatives à la délation, qui tourmentaient Kazan au début des années 1950. À plusieurs reprises, le réalisateur confie à Brando que ce qui l'intrigue chez Zapata est le fait qu'il se soit détourné du pouvoir après s'en être emparé. En vérité, Steinbeck et Kazan, tous deux d'anciens communistes, veulent montrer sous forme allégorique comment les staliniens ont manœuvré après la révolution russe, comment leurs dirigeants sont devenus réactionnaires, avant de sombrer dans la plus abjecte des répressions. En somme, ce film donnerait à

Kazan l'occasion de dénoncer le stalinisme, puis de le con-damner.

Brando, lui, ne se soucie pas des métaphores. Ce qui l'intéresse dans cette histoire, c'est qu'elle raconte la vie d'un paysan orphelin, plutôt frustre et terre à terre, qui se bat avec ferveur pour que triomphe la justice.

Aussi, quelques semaines plus tard, Marlon se rend à Sonora, au Mexique, pour voir les lieux et sentir l'atmos-phère qui règne dans ce pays. Il prend plaisir à côtoyer des paysans et il interroge les plus âgés d'entre eux, qui ont jadis connu Zapata. On lui raconte des anecdotes abraca-dabrantes, selon lesquelles le révolutionnaire aurait fait exécuter plus de 1000 opposants et se serait marié avec une vingtaine de femmes.

Brando examine attentivement des photographies de Zapata, dont le visage sévère, émacié, ne ressemblait pas du tout au sien, beaucoup plus doux et au regard rêveur. C'est Philip Rhodes, le maquilleur, qui va effectuer la métamor-phose. Rhodes, l'un des plus proches amis de Brando, est un homme instruit, cultivé, il a étudié le droit et possède de vastes connaissances en philosophie, en littérature, dans les arts en général. Lorsqu'ils se sont rencontrés à New York, en 1947, Rhodes faisait du théâtre, travaillait comme man-nequin, mais déjà il gagnait sa vie en maquillant les comé-diens, un talent qui fascine Brando depuis toujours. La dextérité de Rhodes à ce chapitre contribuera grandement à transformer l'allure de Marlon dans la plupart de ses films. Pour Zapata, les deux hommes essaient d'abord plusieurs choses. Rhodes enduit le visage de Brando de latex liquide qui, une fois séché, étire ses paupières. Il confectionne ensuite une sorte de protège-dents, plus ou moins élastique, pour modifier la physionomie de sa mâchoire. Enfin, avec une perruque aile de corbeau et une petite moustache, il parvient à lui donner l'allure d'un authentique Indien d'Amérique latine.

Brando, de son côté, cherche à saisir l'accent espagnol, mais il est le seul acteur du film à travailler dans ce sens et, quand il se verra plus tard à l'écran, il trouvera, non sans embarras, que cet accent demeure trop artificiel. Il faut dire que Kazan recrute la plupart de ses comédiens à l'Actors Studio. Aussi, Brando mis à part, chacun parle dans le film comme s'il était né à Brooklyn.

Durant son séjour au Mexique, Brando rencontre une actrice de 33 ans, Movita Castenada, à la chevelure noire, qui a joué avec Clark Gable quand elle était adolescente, dans la première version des *Révoltés du Bounty*, en 1935. «Marlon était complètement toqué d'elle, raconte Rhodes, il la voyait comme une gitane, une femme primitive, et elle gobait tout ce qu'il lui disait.» Brando fait en sorte que Kazan engage Movita pour la durée du film et il sort avec elle tout au long du tournage. Précisons que Movita et Brando se fréquenteront durant une quinzaine d'années.

De toutes les femmes qu'il a connues, elle est peut-être celle qui comptera le plus pour lui. « Elle était un facteur d'équilibre, explique Sondra Lee, une figure maternelle aussi. » Brando l'épousera d'ailleurs en secondes noces.

Le tournage de *Zapata*, qui va durer dix semaines, n'a pas lieu au Mexique, mais à Roma, au Texas, car le gouvernement mexicain juge le scénario trop à gauche et voudrait que la plupart des acteurs soient d'origine hispanique. Jean Peters interprète le rôle de Josefa, la femme de Zapata, et Joseph Wiseman celui du journaliste Fernando, qui trahit le révolutionnaire. Wiseman joue d'une manière très originale ici, excentrique même, il est survolté, ce qui contraste avantageusement avec le paysan soucieux campé par Brando. Notons que ce sont les discours passionnés de Fernando qui expriment le mieux ce que Kazan et Steinbeck voulaient faire entendre sur le plan politique.

Anthony Quinn, boxeur et peintre d'origine irlando-mexicaine, interprète pour sa part le frère de Zapata. Plus tôt, Quinn a repris le rôle de Kowalsky au théâtre et Clurman, qui l'a dirigé, estime que même si Brando est un plus grand acteur, Quinn faisait un meilleur Stanley sur les planches. Uta Hagen, qui a joué Blanche avec les deux comédiens, abonde dans ce sens : « Marlon était trop sensible pour interpréter Stanley. Quinn était meilleur, parce que c'est une brute. Mais il ne sait pas qu'il est une brute », dit-elle.

Il fait très chaud à Roma, parfois 50° à l'ombre. Souvent, Kazan dirige ses acteurs le torse nu. Tous les comédiens transpirent abondamment et le réalisateur, enchanté, trouve qu'ils y gagnent en naturel. « Ils avaient perdu leur allure de comédiens », précise-t-il.

L'interprétation de Brando plaît énormément au réalisateur. Comme il joue le rôle d'un paysan d'une autre culture que la sienne, Brando doit tout inventer. « Je lui ai dit qu'un paysan ne révèle jamais ses pensées, explique Kazan. Les choses lui tombent dessus et il ne manifeste aucune réaction. Il avait la prudence attentive du paysan, la méfiance de l'analphabète à l'endroit des mots, capables de le piéger. »

Kazan ajoute encore ceci : « Zapata n'idéalise pas les femmes. Marlon n'avait aucune difficulté à comprendre cela, puisqu'il ne les idéalise pas non plus, à l'exception peut-être de sa mère. » Kazan remarque aussi qu'un grand nombre de femmes papillonnent autour de l'acteur. « Elles s'offraient toutes à lui, mais il fraternisait rarement avec elles. Les relations les plus intenses que je lui ai connues furent toujours avec d'autres hommes. »

Non pas avec Anthony Quinn cependant. Ce dernier trouve que le réalisateur accorde plus d'attention à Brando qu'aux autres acteurs, ce qui l'énerve. Kazan lui réserve tous les gros plans, se préoccupe de lui sans cesse, lui demande s'il se sent bien, s'il a bien dormi, s'il ne souffre pas trop de la chaleur. « Il se comportait comme avec son propre fils », se plaint Quinn.

Puis vient le jour où il faut tourner la scène clé du film, au cours de laquelle les frères Zapata se battent entre eux, ce qui dégénère en violente bagarre. Dans son autobiographie, Brando fait allusion à cette scène. Il raconte que Kazan avait dit à Quinn, secrètement bien sûr, que Brando répandait des mensonges sur son compte, puis il avait agi de la même façon avec lui, prétendant que Quinn se targuait devant toute l'équipe d'avoir été meilleur que lui dans le *Tramway*. L'astuce donne les résultats escomptés. Au moment de tourner, les deux acteurs ne cachent plus leur haine réciproque et se battent vraiment. Brando semble perdre la maîtrise de lui-même et tire violemment les cheveux de l'autre. Quinn dira plus tard qu'il était près de lui enfoncer son sabre dans le ventre.

Kazan ne révèle la supercherie ni à Quinn ni à Brando. Il aime susciter des mésententes hors plateau, si elles sont de nature à améliorer la performance des acteurs devant la caméra. Après le tournage de *Viva Zapata !*, Quinn et Brando ne se parleront pas durant une quinzaine d'années. Jusqu'au soir où Brando verra Quinn, interviewé à la télévision, racontant au public l'anecdote en question. Tout de suite, Brando empoigne le téléphone et explique à Quinn que Kazan les a manipulés pour le bénéfice du film. « Ce fut un grand soulagement que de parvenir à dissiper ce malentendu de 15 ans et, depuis lors, Tony et moi avons recommencé à nous parler. Gadge n'avait pas son pareil pour inspirer ses acteurs, mais il fallait en payer le prix», écrit Brando.

Viva Zapata! marque une étape importante dans la carrière de Brando, en ceci que l'acteur, avec trois films à son actif, se sent désormais parfaitement à l'aise devant les caméras. Il sait faire abstraction de l'équipe technique et parvient à se concentrer sur son seul jeu. Il a davantage confiance en ses propres intuitions aussi, comme on le voit bien ici, où il incarne un révolutionnaire confus, défait et désespéré. Il est un trait de son personnage, qui manquait à sa palette dans *C'étaient des hommes* et le *Tramway*. Cette fois, Brando interprète un justicier chevauchant des collines poussiéreuses sur un cheval blanc. En d'autres mots, il projette l'image du mâle libérateur au service de ses semblables.

Le film prend l'affiche en février 1952, il attire les foules et la critique juge excellente la prestation de Brando. Pour la deuxième fois, il est en nomination aux Oscars, mais c'est Quinn qui remporte le titre de meilleur acteur de soutien pour son interprétation du frère de Zapata.

Jusqu'à ce jour, notre homme a incarné des réfractaires : une brute et un paysan. Le public conserve donc de lui l'image d'un être frustre, mal élevé. Aussi, quand les studios annoncent qu'il va jouer Marc Antoine dans le *Jules*

César de Shakespeare, les commères de la petite presse, comme Hedda Hopper, en font des gorges chaudes. Jerry Lewis et Sid Caesar se moquent de lui à la télévision. Ils imitent Kowalsky récitant la fameuse tirade commençant par « Amis, Romains, concitoyens ». Le magazine *Collier's* va même jusqu'à comparer Brando à l'homme de Néanderthal.

« J'en ai ma claque, déclare-t-il à cette époque, d'être considéré comme un baveux en blue-jean. » Mais en son for intérieur, il est terrifié à l'idée de jouer avec des comédiens de la trempe de John Gielgud, James Mason et Deborah Kerr, que Joseph Mankiewicz, le réalisateur, vient de réunir à Hollywood. Voilà des années que Dodie conjure Marlon de se frotter à Shakespeare. Il se rend donc chez elle et, ensemble, ils travaillent le rôle une bonne semaine. Au milieu des champs de maïs, il déclame les illustres vers, jusqu'à ce que la voix lui flanche.

Un peu plus tard, au cours de ce printemps de 1952, il prend quelques jours de vacances à Paris, où il retrouve ses amis, Christian Marquand, entre autres. Mais à peine arrivé, il croise dans la rue le dramaturge Arthur Laurents, l'un des futurs scénaristes de *West Side Story*, qui brandit un exemplaire du *Herald Tribune*, et s'exclame, effaré : « Gadge a livré des noms ! »

Brando parcourt le journal et y apprend que Kazan s'est présenté devant la Commission sur les activités anti-américaines et a fourni les noms de huit de ses amis du

Group Theatre, ceux de Paula Strasberg et de Clifford Odets, notamment.

Certes, il n'ignore pas que le réalisateur s'est présenté devant la même Commission en février, qu'il a répondu à toutes les questions, révélé ses anciennes accointances avec le parti communiste, mais il sait aussi que Kazan a refusé catégoriquement de dénoncer qui que ce soit. Voilà qu'il revient sur sa parole et qu'il trahit ses amis. Cela va à l'encontre de tous les principes que Marlon reconnaît à son mentor. Les pièces que Kazan a dirigées à Broadway, *Death of a Salesman* et *All My Sons*, par exemple, exposaient des problèmes de conscience et traitaient de l'honneur individuel. Tous ses films avaient une portée sociale. *Gentleman's Agreement* condamne l'antisémitisme, *Viva Zapata!* illustre l'importance de la révolution. Depuis quelques années, Kazan est comme un père pour Brando. Sous sa gouverne, il est devenu un comédien à part entière.

Dès son retour à New York, Marlon se précipite donc à l'Actors Studio pour constater que tout le monde est abasourdi et consterné. Pensons-y. Kazan est le réalisateur le plus puissant au pays. Il aurait dû jouer de ce prestige et de son influence pour s'opposer à la liste noire, à la Commission elle-même. Au lieu de cela, il s'est dégonflé, pense-t-on.

Après que la secrétaire de Kazan, Mae Reis, eut démissionné en guise de protestation, les membres de l'Actors Studio se réunissent pour prendre un parti. De son côté,

Kazan estime qu'il n'a jamais porté de jugement sur leurs opinions politiques ; en conséquence, ils n'ont pas à le juger, lui. Finalement, l'Actors Studio décide de rester neutre, mais Kazan n'y mettra pas les pieds avant longtemps et, lorsqu'il y retournera, ce sera pour découvrir que Lee Strasberg occupe désormais son poste de professeur principal.

Entre-temps, la délation considérée comme preuve de vertu empoisonne l'atmosphère. Cela nous donne une bonne idée du climat de suspicion qui régnait durant la guerre froide. Au cours des mois suivants, en effet, Clifford Odets dénonce des gens lui aussi. Jerome Robbins et Lee J. Cobb suivent son exemple. John Garfield, le célèbre comédien, meurt inopinément. On l'a sommé de dénoncer ses amis, ses collaborateurs, et il n'a pas cédé. Mais la pression était si forte, dit-on, qu'elle a causé sa mort. Chez les Adler, Brando écoute Clurman exposer les conséquences sociales que le manque d'éthique de Kazan risque de provoquer.

Aussi, Brando ne cherche pas à le revoir, mais cette trahison le mine et le tourmente. Il commence à répéter son rôle de Marc Antoine et Mankiewicz se souvient l'avoir surpris les larmes aux yeux durant une pause. « Que vais-je faire quand je le verrai ? Je lui casse la gueule ? » Mankiewicz tente de le réconforter, lui explique que Kazan est sans doute aussi malheureux que lui, mais ces paroles ne soulagent pas les angoisses de Brando.

Alors, il se plonge dans le travail. Il passe des heures en compagnie d'un professeur de diction et il écoute attentivement les enregistrements des grands acteurs shakespeariens, Gielgud, Barrymore, Laurence Olivier. De temps à autre, il appelle sa mère qui l'encourage. Dodie est persuadée qu'il sera parfait dans ce rôle. Elle le lui dit. Elle ne supporte pas que les gens voient en lui un acteur à la bouche molle.

Mankiewicz rappelle le tournage d'une scène, au cours de laquelle Marc Antoine comprend soudain qu'il va succéder à César. Ce jour-là, le réalisateur filme Brando, seul dans un jardin peuplé de vieilles statues, notamment d'un énorme buste de l'empereur assassiné. Très lentement, sans recevoir la moindre indication, Brando se tourne vers le buste qui semble le toiser. Hors des murs, la population met le feu à Rome. «On voyait Marlon se transformer lui-même en une statue, dira plus tard Mankiewicz lors d'une conférence à l'Actors Studio. Il y avait devant nous ce grand acteur, au milieu de ces statues de marbre aux draperies hiératiques. L'équilibre, la simplicité de cette image reposaient tout entières sur son silence. Et ce silence était comme une musique exquise qui se serait égrenée.»

Jules César est présenté la première fois à New York, le 8 mai 1953, et la prestation de Brando est une révélation pour tout le monde. Bosley Crowther, du *New York Times*, écrit : « Heureusement, la diction de Marlon Brando, plutôt gutturale et incompréhensible lors de ses premières apparitions au cinéma, est ici claire et précise. Son immense talent saute aux yeux. » À cela, le *Sydney Morning Herald* ajoute : « Dans les discours qu'il prononce, penché sur la dépouille de César, Brando réussit à exprimer de façon admirable sa douleur d'une part, puis à imposer habilement son autorité. Le grand discours classique, romain, est ici rendu avec des accents complètement neufs. »

Pour parvenir à cela, Brando a demandé à Gielgud d'enregistrer pour lui la scène en question et de lui donner des indications qu'il a suivies à la lettre. Il a su intégrer à son jeu tous les conseils du grand comédien anglais, de sorte, souligne ce dernier, « qu'il avait des nuances et un rythme merveilleux ». Par la suite, Gielgud invite Brando à jouer avec Paul Scofield dans les pièces du répertoire qu'il s'apprête à diriger à Hammersmith, mais Marlon décline l'invitation, en expliquant qu'il ne désire plus monter sur les planches.

Pour la troisième fois en autant d'années, il est en nomination aux Oscars, mais le titre de meilleur acteur lui échappe une nouvelle fois. Il ne s'en soucie guère. Seul compte à ses yeux le fait qu'il a pu interpréter les classiques. Sa mère juge son Marc Antoine magnifique, rien de moins.

Il est maintenant la vedette d'Hollywood la plus en vue et la plus recherchée. Il refuse l'un après l'autre les scénarios et les propositions, y compris le rôle principal dans *À l'est d'Eden*, que Kazan lui a offert. C'est James Dean qui le décrochera et qui interprétera l'antihéros torturé, imaginé par John Steinbeck. Il l'incarnera d'ailleurs de façon remarquable en lui prêtant une intensité physique et vocale adéquate.

Au cours de certaines fêtes, organisées par l'Actors Studio, Marlon croise celui qui va bientôt symboliser aux yeux de tous «l'adolescent américain incompris, fou de voitures et de vitesse, qui règle les petits problèmes de l'existence en sortant son couteau à cran d'arrêt», écrit Truman Capote. Pour l'instant, Dean a la réputation d'être un jeune homme «dominé par ses démons». Fils d'un fermier de l'Indiana avec lequel il a eu des relations très difficiles, James Dean idolâtre Brando et l'imite en tout: sa dégaine, ses jeans, ses silences lourds de sous-entendus et son air renfrogné. Il apprend à jouer de la batterie pour s'identifier davantage à lui, et conduit une moto. Un temps, ils sortent avec la même femme, la comédienne Ursula Andress.

«Dean avait pris l'habitude de me téléphoner, raconte Brando. J'écoutais ses messages sur le répondeur, il me demandait un conseil ou me proposait de sortir avec lui, mais nous ne sommes jamais devenus intimes.»

Lors d'une partie, Brando remarque que Dean se conduit délibérément comme un grossier personnage, et qu'il imite son marmonnement. « Sois toi-même », lui dit-il. Là-dessus, Dean pouffe de rire sur le ton aigu qui lui était caractéristique. Brando lui conseille de voir un thérapeute et lui file le numéro de téléphone de Mittelmann.

CHAPITRE 8

EN 1953, BRANDO a déjà joué dans quatre films. Sa célébrité est considérable, mais elle lui pèse énormément. Il n'aime pas que des fans l'interpellent, le poursuivent partout, dans les salles de cinéma, ou lui réclament des autographes lorsqu'ils le croisent chez un marchand de saucisses au coin de la rue. Certains sont plus téméraires, comme ces trois jeunes filles qui s'installent un jour sur le palier de son appartement et refusent de lever le camp, ou cette autre qui a recouvert les murs de son logis avec des affiches du *Tramway nommé Désir* et qui menace carrément de le kidnapper.

À cet égard, la vie est plus facile à Los Angeles, car on ne voit personne sur les trottoirs, étant entendu que tout le monde se déplace en automobile. Ainsi, notre homme peut sauter sur sa moto et filer dans le désert, avec une copine parfois, et parfois seul. Alors il roule droit devant, espérant en secret la panne d'essence et mourir en plein soleil.

À New York, il va de temps à autre dans les fêtes organisées chez Norman Mailer, rue Monroe, où les invités le laissent tranquille. Ce loft lui rappelle son propre appartement. Il y fait sombre comme dans une cave, des manuscrits et des disques traînent un peu partout, certaines personnes jouent du jazz et d'autres circulent librement, au hasard, dans les diverses pièces.

Il arrive que des beatniks y fassent une apparition, le poète Allen Ginsberg et les écrivains William Burroughs ou Jack Kerouac, qui sont plus ou moins amoureux de Brando, mais ne se déclarent jamais et n'osent pas non plus le moindre geste. Ils se contentent de l'observer d'un œil tendre. La plupart du temps, ils sont plongés dans ce qu'ils appellent des « voyages spirituels », car le qualificatif *beat* vient de « béatifier », explique Kerouac. Tous cherchent un sens à l'existence et lisent *La fonction de l'orgasme*, de Wilhelm Reich. Ils partagent sa théorie, selon laquelle des relations sexuelles nombreuses viennent à bout de tout problème psychosomatique.

Marlon et Mailer ont toutefois des relations un peu crispées. Lors d'une grande réception à Hollywood, Brando demande au romancier, sur un ton de reproche : « Dites donc, ne devriez-vous pas être chez vous en train d'écrire,

Brando dans *L'équipée sauvage*, film qui fit de lui une figure légendaire. Toutes ses caractéristiques sont ici réunies : la vibrante sexualité, les marmonnements, l'attitude de défi, le corps d'athlète et le visage du poète. (© *Sunset Boulevard/Corbis Sygma/ Magma*)

Norman ? » Plus tard, Mailer dira de Brando qu'il est « notre acteur le plus noble et notre rustre national ».

Lorsqu'il assiste à ce genre de fêtes, Brando ne se mêle guère aux invités, c'est à peine s'il laisse échapper un mot ici ou là. Celia Webb s'assoit généralement sur ses genoux, fumant cigarette sur cigarette. Un soir, tard dans la nuit, une bande de voyous débarque et, sans qu'on sache pourquoi, attaque Mailer à coups de marteau. Montgomery Clift se lance à sa rescousse, mais Brando, toujours sur le canapé, se contente d'observer la scène sans broncher.

Depuis *Jules César*, il rejette tous les scénarios qu'on lui soumet, jusqu'au jour où Stanley Kramer lui propose de tourner un film, *The Wild One*, basé sur un fait divers. Quelques années plus tôt, en effet, une bande de motards avait terrorisé une petite ville de Californie, provoquant la colère de ses habitants. Kramer veut montrer de jeunes rebelles prêts à tout pour se distraire et donner libre cours à leur énergie débridée.

Kramer pense en outre que ce film illustrera les tensions naissantes et de plus en plus vives qui opposent les jeunes aux adultes au début des années 1950. Certes, la société américaine n'a jamais été si prospère, mais elle est aussi pétrie de conformisme et n'a rien à proposer aux jeunes que de rentrer dans le rang, au point que ces derniers se sentent étrangers dans leur propre pays. *The Wild One* (*L'équipée sauvage*) traitera de la colère face à l'autorité, explique le producteur, et Brando doit jouer l'un des chefs des deux bandes de motards. Le thème de la jeunesse en rupture avec l'ordre établi intéresse fort notre homme qui s'estime lui-même en marge de cette société. Il entend miser sur sa propre révolte pour enrichir le personnage.

Le tournage dure 24 jours et se déroule à Hollywood, derrière les studios de la Columbia. Harry, le président de cette firme, ne voit pas le projet d'un bon œil et veut donc y investir le moins d'argent possible. Il faut savoir que le bureau de censure, le Breen Office, a décelé dans le scénario original des tendances «communistes», au motif que les motards y sont présentés de manière sympathique. Au départ, le scénario laissait entendre qu'une société capable d'engendrer des rebelles aussi violents ne doit pas tourner rond. Rappelons que durant les années 1950, il n'y avait aucune contestation de nature politique aux États-Unis, uniquement de la répression anticommuniste. Et seuls les jeunes s'opposaient à l'apathie générale.

Pour répondre aux exigences du bureau de censure, les producteurs apportent donc des modifications radicales au scénario de base. La razzia des motards n'est plus un épi-phénomène, elle sera présentée comme un événement isolé, unique, qui ne risque pas de se reproduire. Brando pense le contraire. Si on ne fait rien, croit-il, si on ne propose rien de mieux à ces jeunes gens, d'autres raids semblables auront lieu fatalement. Brando confie à Kramer qu'il a l'impression de se vendre en jouant dans ce film, mais il consent tout de même à le tourner.

Il essaie de retoucher quelque peu le scénario, les résultats ne sont guère probants et il se contentera d'improviser des scènes entières, d'une voix tendue et haletante. À l'occasion, il s'en tire fort bien, comme dans la première séquence au restaurant, lorsqu'il commande un café à la jolie serveuse et commence à flirter avec elle (ce qui engage l'intrigue amoureuse du film). Cette scène dure à peine quelques minutes, mais d'entrée de jeu Brando se montre amusant, tendre et sexy à son insu. En vérité, il ne fait que pousser de façon désinvolte une pièce de monnaie sur le comptoir, afin que la serveuse ne puisse l'attraper. Il se joue d'elle comme un chat d'une souris. À son corps défendant, la jeune fille tombe sous le charme, elle est séduite et décontenancée. Puis elle se met à lui poser des questions : « Qu'est-ce que tu vas faire avec les autres ? Une sorte de pique-nique, ou quoi ? »

« Un pique-nique ! se moque Johnny. T'es vraiment trop sage. Non, l'idée… c'est plutôt d'aller s'éclater. Quand on reste cool, on plane mieux. » C'est là du pur Brando. Il improvise en s'inspirant des conversations qu'il a eues avec les membres d'un vrai gang de motards à Hollister. Il mêle leurs expressions argotiques — s'il est permis d'utiliser ce terme ici — ou vernaculaires, à celles des musiciens de jazz qu'il connaît bien et il prononce les mots « avec la voix douce, animale et persuasive des gars branchés », souligne Norman Mailer.

Dans ce même restaurant, il lance une autre réplique qui deviendra un leitmotiv des années 1950. Sur un ton plaintif, la serveuse lui demande : « Mais Johnny, contre quoi tu te révoltes ? » Et Brando lui répond : « Qu'est-ce que t'as au menu ? », une façon d'insinuer qu'à ce chapitre on a l'embarras du choix.

Plus tard, après que les jeunes ont eu plusieurs altercations avec les villageois, un policier leur lance : « Je vous suis pas du tout. Je pense même que vous savez pas ce que vous voulez, ni comment le rafler. » Brando reste assis sans rien dire et le silence s'alourdit de manière sensible. Ce qu'il laisse entendre ici est beaucoup plus fort que tout ce qu'il pourrait exprimer verbalement.

De tels sous-entendus et certaines répliques formulées avec maladresse illuminent ce film, dont la conclusion reste incertaine, par ailleurs. La bagarre entre Brando et Lee Marvin, qui interprète le chef de la bande rivale, par exemple, est assez fade, sans relief. La seule scène vraiment saisissante est celle au cours de laquelle les motards, le soir tombé et roulant sur leurs engins, tournent autour de la serveuse de manière inquiétante. Il y a quelque chose d'oppressant ici, qui ne manque pas de vigueur.

Vers la fin du film, Johnny est confondu avec un violeur. Terrorisés, les habitants du village forment un groupe d'autodéfense, tombent sur lui, le battent sauvagement, en viennent presque à le lyncher. Plusieurs critiques de cinéma font remarquer que cette correction est la première d'une série de raclées que Brando essuiera dans bon nombre de films où il incarnera des marginaux et des personnages en rupture avec la morale courante.

On ignore peut-être que *L'équipée sauvage* fut un échec à sa sortie, du moins aux yeux de la critique. Dans l'ensemble, les commentateurs en condamnent la violence. Le film est interdit en Grande-Bretagne durant une dizaine d'années et Brando accuse le coup. «Au départ, dit-il, nous voulions faire un film édifiant, qui exposerait la psychologie des jeunes et montrerait qu'ils sont poussés à la violence par le sentiment de frustration qui est le leur. Au lieu de cela, nous n'avons présenté que la violence.»

Si le film est un échec sur le plan critique, il remporte tout de même un succès public assez important, dont l'impact sur les foules surprend Brando le premier. Les ventes de T-shirts, de blousons de cuir et de blue-jeans montent en flèche dans tout le pays. Cette tenue symbolise désormais la révolte des jeunes et Brando devient pour eux une figure quasi légendaire. Tout semble jouer en sa faveur dans ce film, car le personnage de Johnny rassemble les caractéristiques qui le distinguent: sa vibrante sensualité, ses marmonnements, son attitude de défi, un corps d'athlète et le visage du poète. Le cumul de ces deux derniers éléments, du reste, va fasciner le public encore longtemps. Pour les Américains, Brando incarne leur esprit toujours en quête de nouveauté, il est leur «rebelle sans cause» et, malgré ses tentatives visant à élargir sa palette, il demeurera, dans les esprits, l'antihéros issu de la classe ouvrière.

Marlon cependant déteste le mythe qu'on forge autour de sa personne. «J'ai appris, écrit-il, que, quoi que je fasse, quoi que je dise, les gens s'obstinent à m'idéaliser.» Il a beau répondre à ses fans qu'il est comme tout le monde, qu'il éprouve de la joie et du chagrin comme les milliards d'êtres humains sur cette terre, rien n'y fait. «Le plus grand changement que le succès m'ait apporté n'a rien à voir avec l'image de moi-même ou la façon dont j'ai accueilli la célébrité, ajoute-t-il, mais avec la réaction des *autres*. Moi, je n'ai pas changé. Je n'ai jamais oublié le temps de Liberty-ville quand je me sentais mal aimé.»

Après le tournage, il songe un moment à se rendre en Europe, mais, de retour à New York, il rassemble une petite troupe et organise une tournée d'été, avec la pièce de George Bernard Shaw, *Le héros et le soldat* (*Arms and the Man*). Pour ce faire, il engage quelques-uns de ses amis, Janice Mars et Billy Redfield entre autres. Maureen Stapleton et Wally Cox partent avec eux. Le nom de Brando en tête d'affiche suffit à convaincre les petits théâtres de la côte Est d'inscrire la pièce à leur programme.

Tammy Grimes, qui avait alors 15 ans et travaillait comme stagiaire au théâtre Falmouth de Cape Cod rapporte que Brando «était absolument stupéfiant sur scène, et qu'il improvisait des monologues hilarants, pleins de sous-entendus». En effet, il ne s'est pas donné la peine de mémo-riser son texte et plusieurs spectateurs le lui reprochent. Les critiques l'éreintent, mais tout le monde s'amuse énormé-ment, Brando plus que les autres. Il écrit alors à ses parents que ses détracteurs ne réussissent pas à l'ébranler. En août, il part tout de même pour l'Europe, en compagnie de Billy Redfield. Ils revoient d'abord Christian Marquand à Paris, puis visitent le sud de la France.

Lorsque Brando retrouve son appartement new-yorkais de la 57ᵉ Rue, il constate que le raton laveur est devenu adulte et incontrôlable. Il avait «uriné sur tous mes disques et l'appartement prenait des airs de squat après une des-cente de police», écrit-il. Le cœur serré, Brando se résout à ramener son animal dans la ferme de ses parents et l'ins-talle dans une grange.

CHAPITRE 9

En 1953, POUR ASSEOIR cette réputation de meilleur acteur de sa génération, il manque à Brando un rôle qui mettrait en valeur les facettes antinomiques d'un même personnage. Ce sera celui de Terry Malloy, un ancien boxeur défait, qui se hisse au rang de héros en dénonçant les turpitudes de ses chefs syndicaux, dans *On the Waterfront* (*Sur les quais*). Toutefois, dans un premier temps, Brando refuse de jouer dans ce film, car Kazan doit le réaliser. Or Marlon ne sait toujours pas quelle attitude adopter à son égard, suite à son témoignage devant la Commission sur les activités antiaméricaines. Après le refus de Brando, Frank Sinatra est pressenti pour interpréter Malloy.

Des mois passent. Finalement, talonné par son agent, Jay Kanter, et par le producteur Sam Spiegel qui, depuis le début, veut absolument voir Brando dans ce rôle, Marlon lit le script. Spiegel n'a cessé de lui répéter qu'il n'y a rien de politique là-dedans, qu'il veut l'engager pour son seul talent et favoriser sa carrière. Après sa lecture, Brando consent à incarner le personnage, car il s'agit, dit-il, « d'un type rendu presque fou par les problèmes psychologiques qui le taraudent », mais aussi parce que Kazan le dirige mieux que personne et sait développer chez lui ses talents de comédien.

Brando pose cependant une condition. Il fera *Sur les quais* s'il est autorisé à quitter le plateau chaque jour, à 16 heures précises, pour respecter ses rendez-vous avec Bela Mittelmann. Spiegel ne soulève aucune objection.

Avant le début des répétitions, Brando et Kazan se rencontrent tous deux dans le bureau du réalisateur. Le fidèle Karl Malden — qui jamais n'a porté de jugement sur les opinions politiques de Kazan — s'occupe de recruter des acteurs pour le film et voit les deux hommes entrer dans la petite pièce dérobée, en prenant soin de bien refermer la porte derrière eux.

Ce jour-là, Kazan explique à Brando que le scénario (écrit par Budd Schulberg et inspiré d'une série d'articles à propos des activités mafieuses sur les docks) expose le besoin de prendre publiquement la parole en certaines circonstances, car il est parfois plus dangereux de se taire, dit-il. En témoignant contre les truands du port, Terry fait une bonne et noble action. Kazan reconnaît qu'il y a là des similitudes avec sa propre conduite. S'il a dévoilé des noms devant la Commission, raconte-t-il, c'était pour briser le silence dont s'entoure le parti communiste. Il n'éprouve aucun remords de l'avoir fait et n'entend pas regretter son geste dans l'avenir. Kazan rappelle aussi qu'il n'a pas témoigné devant la HUAC pour toucher de l'argent. Dans son autobiographie, Brando écrit : « Je n'avais pas compris que *Sur les quais* constituait en réalité un plaidoyer métaphorique. Gadge et Schulberg s'y justifiaient d'avoir donné leurs copains. » (Schulberg, en effet, avait dénoncé des gens lui aussi, il ne le regrettait pas et ceci l'avait beaucoup rapproché de Kazan.)

Brando commence à étudier son rôle avec le plus grand sérieux. Il se rend sur les docks de Hoboken et charge les cargaisons comme le fera son personnage. Il se mêle aux ouvriers et bavarde avec eux. Comme Malloy faisait jadis de la boxe, Kazan veut que Brando apprenne à bouger à la manière d'un boxeur et lui conseille de s'entraîner chaque jour au gymnase Stillman, ou à l'Actors Studio, avec Roger Donoghue, un ancien professionnel poids léger. Brando observe attentivement chaque geste de Donoghue, il prend exemple sur lui, afin de reproduire ses attitudes à l'écran.

La première lecture du scénario en présence de tous les comédiens a lieu à l'Actors Studio, le 15 novembre 1953. Lee J. Cobb incarne le chef corrompu du syndicat des dockers, Karl Malden tient le rôle de leur prêtre, et fume comme une cheminée. Rod Steiger, pour sa part, est le frère aîné de Terry et mène un double jeu. Les autres acteurs, Martin Balsam, Leif Erikson, Rudy Bond et Ward Costello, sont des élèves de l'Actors Studio. Bien entendu, Marlon est présent lui aussi et mâche du chewing-gum l'air grave. Enfin, il y a là une toute jeune actrice blonde de 21 ans, Eva Marie Saint, que Kazan a engagée deux jours plus tôt, pour interpréter Edie Doyle, la copine de Terry. Kazan avait d'abord songé à Joanne Woodward pour ce rôle, mais Malden, qui a joué avec Eva et qui pense qu'elle sera parfaite, a suggéré à Kazan de la voir. Le réalisateur lui a donc fait passer une audition, en compagnie de Brando, et tous deux ont improvisé une saynète. « Je me souviens que j'ai fini par danser avec Marlon, raconte Eva. À cette époque, nous portions des jupes évasées et des ceintures de cuir. Après avoir dansé, il a pris ma jupe et il m'a fait tourbillonner pour qu'elle s'envole. L'ourlet s'est mis à tournoyer et moi à pleurer, car j'étais alors très émotive. »

Le tournage lui-même est éprouvant. Sur les docks de Hoboken, où la plupart des scènes ont lieu, la température est souvent inférieure à zéro. De véritables truands, parmi ceux qui sévissent dans le port, causent sans cesse des problèmes, car certains prétendent que le script critique ouvertement la Mafia. Après quelques jours, Kazan engage même un garde du corps. Brando, vêtu d'une veste écossaise crasseuse et d'un vieux pantalon d'ouvrier, prend le

Brando et Eva Marie Saint dans *Sur les quais*. Ils partagent plusieurs scènes dans ce film et leurs caractères s'accordent si bien que leur relation paraît très intense. (© *Collection John Springer/Corbis/Magma*)

métro chaque matin avec Eva pour se rendre au port. En se mêlant ainsi aux travailleurs matinaux, il pense saisir une ambiance particulière et propre à l'inspirer. Lorsqu'ils arrivent sur les lieux du tournage, les acteurs se rassemblent autour de gros barils métalliques dans lesquels ils font des feux, ou ils vont boire un café chaud, juste à côté, au Grand Hotel qui porte mal son nom.

Au début du film, Terry Malloy donne l'impression de ne pas sentir les bouleversements qui se produisent en lui. Il a même l'air de ne rien entendre du tout ; il faut dire que le scénario raconte l'histoire d'un homme qui commence à écouter ce qui se passe autour de lui, après avoir vécu toute sa vie dans un état de surdité psychologique, si on veut.

Kazan ne cesse de rappeler que tout le drame et l'action véritable se déroulent en lui. « Il voudrait plastronner, avoir l'air désinvolte, mais ses yeux le trahissent. » La composition de Brando, du reste, repose essentiellement sur ses jeux de regards. Quand Malloy constate que les chefs syndicaux l'ont manipulé en planifiant le meurtre d'un docker, on sent que, pour la première fois, Malloy cherche à comprendre, et cet effort lui coûte. Ses regards lointains, ses coups d'œil en biais expriment le trouble du personnage. Une lutte se livre entre sa conscience et sa suffisance, et cette lutte prend des proportions considérables qui, bien sûr, n'échappent pas au spectateur. Un double drame, en fait, se noue entre ce que dit Malloy et ce qu'il pense, ou ce qu'il éprouve, et Brando parvient à nous faire sentir ces réflexions-là, sans prononcer un mot. On voit ses pensées défiler sur son visage. Enfin, quand il parle, « ses pensées lui compriment la voix [...]. Ses regards furtifs, écrit Foster Hirsch dans une excellente étude intitulée *Acting Hollywood Style*, complètent le discours hésitant et lacunaire qu'il tient. »

Eva rappelle aussi que Brando se montrait particulière-ment aimable avec elle. Comme il s'agissait de son premier film, elle était à la fois nerveuse et mal à son aise. « Marlon déjeunait avec moi tous les midis », raconte-t-elle. Quand elle frissonne, il l'enveloppe dans une couverture et lui frotte le dos, mais cela, toujours comme Malloy l'aurait fait lui-même. « Il était Terry », affirme-t-elle. Aussi, la relation qu'ils projettent à l'écran est empreinte de délicatesse, ce qui n'empêche pas qu'elle soit physique aussi et fort belle à suivre. Il y a entre eux une intimité, accentuée par le fait, justement, qu'ils ne se touchent pour la première fois qu'au milieu du film, quand ils s'embrassent avec passion dans la chambre de la jeune fille, après que Terry a forcé sa porte pour l'obliger à reconnaître qu'elle est amoureuse de lui.

Eva et Brando jouent plusieurs scènes mémorables en-semble, notamment celle du gant, qui commence par une improvisation. « Dans cette scène, rappelle Eva, je n'avais aucune raison de m'entretenir avec lui, puisqu'il était mêlé au meurtre de mon frère. Alors Marlon m'a dit : "Laisse tomber ton gant", ce que j'ai fait. Il l'a ramassé, puis l'a enfilé. S'il n'avait pas fait ça, je me serais éloignée immédiatement, mais comme la température était froide, je voulais récupérer mon gant et on s'est mis à parler. »

Tout au long du film, Brando s'inspire de sa partenaire et Eva l'imite sur ce point. Leur jeu est d'une intensité presque magnétique. « Marlon s'engageait à fond, rappelle Kazan, ce qui est différent de seulement s'impliquer. Mais tout restait intérieur. Son immersion dans la personnalité de Terry était entière. »

C'est encore plus évident dans la célèbre scène du taxi, où Brando et Steiger prennent place. Peter Manso raconte que Kazan l'a tournée après un début de journée des plus chaotiques. Il songe d'abord à filmer en pleine rue, mais cela risque de s'éterniser. Il découvre ensuite que Spiegel, trop pingre pour lui procurer une vraie voiture, a fait livrer une vieille carcasse de taxi. On l'installe donc sur un plateau et le directeur-photo, Boris Kaufman, pose un store vénitien sur la lunette arrière, afin qu'on puisse filmer au travers. Des techniciens secouent l'auto pour donner l'impression qu'elle roule, puis agitent des balais et des brosses devant les spots pour simuler les phares d'autres voitures venant en sens inverse.

Cependant, Brando trouve que les dialogues ne sont pas justes dans cette scène et il s'en plaint à Schulberg, qui n'est pas dans les meilleures dispositions à son égard, car l'acteur a improvisé et modifié plusieurs répliques depuis le début du tournage. Kazan organise à la hâte une réunion et demande tout de go à Marlon ce qui le gêne.

« Je ne me vois pas en train de dire : "Ah, Charley, j'aurais pu être un concurrent", alors que l'autre lui colle un flingue dans les côtes et que cet autre se trouve être son propre frère. Personne ne parlerait à son frère de cette façon. »

Un long silence suit ces paroles, puis Kazan suggère ceci : « Dans ce cas, pourquoi ne pas improviser ? »

Ce que Brando va faire ensuite deviendra l'une des prises de conscience les plus mémorables jamais interprétées par un personnage masculin dans l'histoire du cinéma américain. Dans sa biographie, Kazan parle du formidable « contraste entre l'attitude de ce type qui joue les durs et l'extrême délicatesse, la douceur même, de son geste. Quel autre acteur, demande-t-il, tandis que son frère pointe un revolver sur lui pour l'obliger à commettre un crime, aurait posé sa main sur l'arme, puis l'aurait repoussée doucement, comme si c'était là une caresse ? Qui d'autre que Marlon aurait pu dire : "Oh, Charley", sur un ton de reproche si tendre et si mélancolique, tout en exprimant la profondeur de son chagrin ? Là, je ne l'ai pas dirigé. C'est Marlon qui m'a montré — il le faisait souvent — comment jouer cette scène. Jamais je n'aurais pu lui dire comment l'interpréter aussi bien qu'il l'a fait. »

En interprétant Terry Malloy, Marlon accède déjà au sommet de son art. Pourtant le soir, après le tournage, il erre dans les rues jusqu'à l'aube, ou rentre chez lui et téléphone à une connaissance jusqu'à ce que le sommeil ait raison de lui. De temps à autre, il se pointe dans une réception chez Norman Mailer, mais demeure assis dans son coin « comme un bouddha ». Il lui arrive aussi de jouer des congas dans l'espoir que ça le soulage de ses angoisses ; inlassablement, il reprend les rythmes que Dunham lui a enseignés.

Il éprouve de plus en plus de difficulté à jouer, c'est-à-dire à tirer de lui les émotions correspondant à celles de son personnage, même si Kazan loue sa surprenante souplesse. Lorsque Marlon interprète l'une des scènes les plus saisissantes du film, par exemple, au cours de laquelle Terry découvre le corps de son frère que les truands du syndicat ont pendu à un crochet, il s'en approche et le touche à peine. Puis il écarte les bras, frôle les murs, mais sans du tout regarder le cadavre. Enfin, il le décroche et pose les mains de son frère sur son propre cou, comme une étreinte. « Il y a là une symétrie, écrit Jeff Young, qui confère à tout le film une dimension mythique. » Mais après la prise de vue, épuisé par l'effort qu'il vient de fournir, Brando quitte le plateau et va rendre visite à l'actrice Barbara Baxley. Il lui confesse qu'il ne se trouve pas assez bon.

Il confie à un autre ami que ses séances quotidiennes chez Mittelmann le plongent dans un état proche de la panique. La plus célèbre de ces crises d'angoisse se produit pendant l'une de ses promenades nocturnes. Fou d'inquiétude, il court chez Stella Adler et crie son nom en pleine nuit, depuis la rue, comme le faisait Kowalski dans le *Tramway*. Certains prétendent que Brando avait eu une liaison avec Stella, que cette dernière avait rompu, et qu'il était tellement désespéré qu'il s'est agenouillé sur le trottoir en hurlant son nom jusqu'à ce qu'elle le laisse entrer.

Brando a toujours nié avoir eu une aventure avec Stella, mais certes il lui rend visite souvent. Adler et Clurman sont comme une famille de substitution pour lui. Plus tard, Clurman dévoilera la teneur de leurs conversations durant ces années, depuis l'époque de *Truckline Cafe*. En ce temps-là, raconte-t-il, Brando « m'a confié tristement avoir fumé de la marijuana puis, avec les mêmes accents de culpabilité, il a reconnu qu'il sombrait dans une sorte de promiscuité sexuelle ». Il reste que durant les mois où il tourne *Sur les quais*, il parvient à formuler les sentiments ambivalents qu'il entretient à l'endroit de son propre métier. D'un côté, il voudrait qu'on prenne son travail au sérieux. Mais son talent n'est-il pas assez évident ? Pourquoi n'en mesure-t-il pas l'importance ? Pourquoi n'en tire-t-il aucune fierté ? Clurman écrit qu'il y a chez Brando, en effet, une part de lui-même qui rejette son métier de comédien, mais qu'il ne pouvait, par ailleurs, s'empêcher de jouer. D'après Clurman, Marlon aurait un rapport « maladif » à son métier. « Il veut faire quelque chose pour améliorer le sort du monde. Ce n'est pas de la frime chez lui. [...] Toutefois, sa nature profonde, et sans qu'il la connaisse lui-même, ne saurait s'exprimer que dans le jeu dramatique. C'est parce que ce jeu procède de sa souffrance et qu'il se défend de montrer sa douleur, qu'il acquiert une telle force de persuasion. Sa manière de jouer est purement instinctive, pleine d'humanité. Ce n'est pas de l'illustration chez lui, mais de la création à part entière. »

Brando et Kazan travaillent intensément pour faire ce film. *Sur les quais* est peut-être même leur collaboration la plus importante, toutefois, leurs rapports personnels sont moins intimes qu'auparavant. Sur le plateau, les deux hommes se témoignent la plus parfaite courtoisie. Un jour, Kazan réussit à convaincre Brando de venir déjeuner avec une bande de gangsters, car, pour tourner sur les docks de Hoboken, il a dû obtenir des autorisations de la Mafia. « Gadge, qui avait vendu ses amis sous prétexte qu'ils étaient communistes, écrit Brando, n'a pas hésité une seconde à collaborer avec la Cosa nostra. Cela pourrait paraître d'une singulière hypocrisie, mais quand Gadge voulait faire un film, il était prêt à déplacer les montagnes. »

Kazan ajoute encore ceci : « Marlon était parfait dans le
rôle de Terry. Frank Sinatra aurait sans doute joué cela très
bien lui aussi, mais Marlon était plus vulnérable. Il possède
une palette d'émotions violentes dont il sait tirer le
meilleur parti. Il y a en lui un clivage plus profond, plus de
douleur aussi et plus de honte encore. L'acteur qui interprétait Terry devait éprouver une honte immense. Où
Marlon est-il allé la chercher ? Ça, je l'ignore. »

Brando répète souvent que Kazan est le meilleur réalisateur avec lequel il a jamais travaillé, mais il s'en tient à
cela. Durant le tournage de *Sur les quais*, il confie même à
Kazan qu'il a consenti à faire ce film avec lui pour une seule
et simple raison : poursuivre sa psychanalyse à New York.

Le tournage s'achève à la toute fin de décembre dans
des conditions périlleuses. « La bande de malfaiteurs nous
observait sans cesse », rappelle Kazan. Bill Greaves, un
comédien noir de l'Actors Studio, est présent sur le plateau
ce jour-là et assiste à la grande bagarre, point culminant du
film. D'abord, il retrouve Marlon au maquillage, dans l'une
des chambres du Grand Hotel. « On l'enduisait de sang
artificiel et il étudiait son visage dans la glace. Tout soudain, il dit au maquilleur qu'il va terminer seul. Il s'est mis
à en rajouter, à en répandre des tonnes, jusqu'à ce que le
sang coule sur son nez et des deux côtés de sa bouche. Je
lui ai fait remarquer qu'il en faisait trop, mais il s'est con-
templé dans le miroir et a hoché la tête. Ensuite, on est

sorti et on a rejoint les autres sur les docks. Il faisait un froid de canard, Kazan est venu à notre rencontre et je m'attendais à ce qu'il proteste : "Marlon, essuie-moi tout ça, c'est ridicule". Mais non. Il s'est contenté de dire : "Allons-y. On tourne".

Sur ce, Greaves assiste à ce qu'il considère comme « l'une des plus sales disputes de toute l'histoire du cinéma, qui s'achève d'ailleurs sur une scène digne de la Pieta, au terme de laquelle Malden et Eva soutiennent Marlon dans leurs bras ». Quelques mois plus tard, après avoir vu le film en salle, Greaves dira que le visage de Brando ne paraissait pas trop ensanglanté. « En vérité, le maquillage était parfait. »

Peu de temps après le tournage, Kazan effectue à la hâte un premier montage, car Spiegel veut le compositeur Leonard Bernstein pour la musique, persuadé que la réputation de ce dernier l'aidera à « vendre » le film. « Lenny est donc venu, raconte Kazan, puis j'ai invité Marlon et Karl à voir la chose. » Chacun s'installe en silence dans la petite salle de visionnement et commence à regarder, mais à tout instant Spiegel prie Bernstein de l'excuser, prétendant qu'il s'agit d'une simple copie de travail, imparfaite et mal montée. Au bout d'un moment, Kazan éclate et lance : « Je t'en prie, Sam, tais-toi ! Ce putain de film est excellent ! »

À la fin de la séance, Brando quitte la salle précipitamment sans saluer qui que ce soit. Malden se lance à sa poursuite, le rattrape et lui demande, essoufflé, ce qu'il pense du film, en prenant soin de préciser que lui-même le trouve génial.

« Une fois dedans, une fois dehors », marmonne Brando, entendant par là qu'il a l'impression de coller plus ou moins au personnage. Puis, il s'éclipse. Des années plus tard, il écrira dans son autobiographie qu'il avait détesté son jeu le jour de ce visionnement.

> Marlon a l'habitude de s'en prendre à tel ou tel élément du film auquel il travaille, explique Kazan. Parfois c'est le script, parfois le réalisateur, ou un membre de l'équipe. Il semble que ça le rassure de cultiver un quelconque mécontentement. En fait, il est insatisfait de lui-même.

L'année suivante, *Sur les quais*, dont la production n'a coûté que 850 000 dollars, prend l'affiche et remporte un succès surprenant, tant public que critique. Il obtient 12 nominations aux Oscars. Brando, Kazan, Schulberg et Eva Marie Saint gagnent la statuette dans leurs catégories respectives. On classe généralement *Sur les quais* parmi les films les plus représentatifs des années 1950. À partir de là, le jeu de Brando va influencer celui des autres acteurs durant des décennies. Une critique parue dans un journal d'Edimbourg, le *Scotsman*, résume bien le phénomène : « C'est la meilleure interprétation qui convienne à l'écran, pleine de retenue et jamais exagérée. Elle est taillée dans le roc, de telle sorte qu'on distingue clairement le projet de l'auteur et tout ce qui serait superflu disparaît. »

CHAPITRE 10

APRÈS AVOIR TOURNÉ pratiquement sans relâche durant six années, Brando est devenu une vedette de tout premier plan, une vraie star, mais il se trouve aussi dans un état d'épuisement considérable. Lorsque s'achève le tournage de *Sur les quais*, il se rend à l'Actors Studio pour y revoir de vieux amis, qui terminent leurs répétitions et bavardent en buvant du café. Parmi ces acteurs, Marlon retrouve Lou Gilbert, qui a joué avec lui dans le *Tramway* et *Zapata*. En l'apercevant, Gilbert s'approche de Marlon et traite Kazan de mouchard. Brando explose et lui crie : « Je vais te tuer ! », avant de filer à l'extérieur, avec Gilbert sur les talons, qui répète, hors d'haleine : « Excuse-moi, Marlon, je suis navré. » Brando mesure, non sans amertume, quel mépris, quelle déception Kazan inspire aux gens, combien ils réprouvent sa conduite devant la HUAC. Mais il ne parvient pas à se faire une raison pour autant.

D'autres déboires l'attendent. Brando constate à ce moment-là que son père a si mal administré l'argent investi dans le ranch du Nebraska qu'il lui faut d'urgence 150 000 dollars pour sauver son entreprise. C'est justement la somme que la Twentieth Century Fox propose alors à Brando pour jouer dans un nouveau film, intitulé *The Egyptian*.

Pour la première fois de sa vie, notre homme se sent forcé de tourner « une saloperie pour gagner du fric », ce qui le mine. Et ses appréhensions augmentent lorsqu'il arrive en Californie, au début de janvier 1954, pour essayer des costumes et assister aux premières répétitions. Il rencontre la partenaire qu'on lui a désignée, Bella Darvi, qui est en outre la nouvelle maîtresse du producteur, Darryl Zanuck. Comme il n'est jamais trop tard pour bien faire, Brando prend la peine de lire le script, qu'il trouve exécrable : « C'est de la merde », dit-il, consterné. Aussi, après une fâcheuse rencontre avec le réalisateur, Michael Curtiz, Marlon saute dans un train en partance pour New York et, une fois sur place, il prie Mittelmann de rédiger un mot d'excuses : « Marlon Brando est très malade et mentalement troublé. Il doit rester à New York, afin que je le soigne. »

La Fox réagit sur-le-champ. Elle poursuit Brando en justice et réclame de lui deux millions de dollars pour éponger les coûts de pré-production que son désistement va entraîner. À la MCA, les agents de l'acteur sont affolés.

Ne voit-il pas qu'il ruine sa carrière en agissant de façon aussi insensée ? Les journaux s'emparent de l'affaire, exagèrent les faits tant et plus, puis colportent les pires rumeurs sur son compte. Durant toute cette période, Brando se terre et ne voit personne, à l'exception de Wally Cox et de Phil Rhodes. Il se cache chez des amis absents, comme dans le petit studio de Barbara Baxley à Murray Hill. Il prétend que Hollywood veut le détruire et avoir sa peau.

Cependant, malgré les poursuites judiciaires, il ne cède pas. De temps à autre, il débarque chez Stella pour casser la croûte. C'est alors qu'elle lui présente une jeune Française de 19 ans, Josanne Mariani-Berenger, qui pose pour des peintres. Ils commencent à se fréquenter et seront même fiancés quelque temps. Mais Brando est incapable de s'attacher à une seule femme et continue à voir en même temps Rita Moreno, Ellen Adler et Movita.

Là-dessus, en mars 1954, Dodie fait un infarctus chez sa sœur Betty, à Pasadena. Aussitôt, elle entre au Huntington Memorial Hospital. Marlon ne l'a pas vue depuis qu'elle est venue le saluer sur les quais de Hoboken, avec son père, quelques mois auparavant. Toute pâle, manifestement fatiguée, fumant cigarettte sur cigarette, Dodie ne voulait pas admettre qu'elle souffrait d'hypertension, l'une des conséquences de son alcoolisme d'autrefois.

Comme on s'en doute, Brando retourne immédiatement en Californie et, avec ses sœurs, se relaie au chevet de

Dodie. Durant trois semaines, la malheureuse tombe à plusieurs reprises dans le coma, puis recouvre ses esprits ; elle parvient tout de même à convaincre Marlon de régler ses différends avec la Fox. D'une manière générale, elle lui conseille de chercher à s'entendre avec les gens, au lieu de se battre sans cesse contre eux. Il le lui promet.

Enfin, le 31 mars 1954, vers 5 heures du matin, la main dans celles de son fils, Dodie expire après avoir murmuré à ceux qui l'entourent : « Je n'ai pas peur et vous n'avez pas de raison d'avoir peur non plus. » Marlon essuie ses larmes, recueille une mèche de cheveux, retire l'oreiller sous la tête de sa mère et récupère une superbe bague en aigue-marine à son doigt.

Plus tard, il confiera à Stella Adler que sa mère lui a montré comment mourir. « Marlon ne s'est pas effondré tout de suite, dit-elle à Richard Schickel. Il était fort et savait se dominer. » Mais Stella prévoit aussi que la mort de « cette créature si féminine, angélique et égarée, va le bouleverser en profondeur et modifier son caractère. Car elle symbolisait pour Marlon de nombreuses choses capitales, comme l'amour de la pureté, l'attitude affectueuse envers les animaux, une inclination pour la terre et pour la musique. » Stella voyait juste. Sondra Lee le confirme : « Marlon est devenu plus agité après le décès de sa mère, il semblait un peu perdu et beaucoup plus cynique. »

Après l'incinération, Brando remplit sa promesse et cherche une entente avec la Fox. Bientôt, la firme annonce que la dispute est terminée. Premièrement, on renonce à la poursuite de deux millions de dollars. Deuxièmement, Brando, au lieu de jouer dans *L'Égyptien*, tiendra un rôle principal dans *Désirée*, une production somptueuse, un peu simplette, tournée en Cinémascope et inspirée d'un roman historique à succès. Brando y interprétera Napoléon et Jean Simmons, Désirée Clary, éprise de l'empereur tout au long du film.

Dès le début, Brando ne veut pas reproduire les clichés qui forgent l'image de Napoléon, comme «sa main toujours glissée dans la veste, et tout ce genre de trucs», dit-il. Pendant des jours, il essaie de faux nez, différents maquillages, il s'habitue à marcher avec un ventre postiche et proéminent, il s'applique à cultiver un accent anglais, semblable à celui de Claude Rains. Mais il s'entend plutôt mal avec le réalisateur Henry Koster, qui prétend savoir tout de Napoléon et Brando veut lui prouver qu'il en connaît bien davantage à ce sujet.

Koster, homme au caractère doux, peu affirmé, qui a dirigé les comédies musicales de Deanna Durbin, sera le premier réalisateur (et certes pas le dernier) que Brando mettra vraiment à l'épreuve, au point d'en faire un souffre-douleur. «Marlon se lançait dans des luttes de pouvoir quand il avait affaire à des gens qui représentaient à ses yeux une figure paternelle », explique son ami, l'acteur Sydney Armus.

Ce dernier vivait alors avec Sondra Lee à Hollywood. Ensemble, ils vont saluer leur camarade sur le plateau. « Ce film fut un tournant dans la vie de Marlon, raconte Armus. Il n'était pas concentré du tout, je pense même qu'il avait envie de laisser tomber. Je l'ai vu jouer avec des pistolets à eau et, parfois, il boudait, refusant d'apprendre son texte. Il s'entraînait aussi à lancer un ballon entre les prises. Il m'a même dit : "Je laisse le maquillage jouer à ma place". Malgré tout, il avait l'air heureux de donner la réplique à Jean Simmons. Il l'aimait beaucoup et c'était réciproque. »

Quand le film prend l'affiche, la critique Pauline Kael écrit : « Les deux stars [Brando et Simmons] jouent avec une élégance de conspirateurs, comme s'ils étaient piégés dans une immense farce et tâchaient d'en tirer le plus de plaisir possible. » Mais d'autres critiques jugent le film carrément « catastrophique ». Les recettes au guichet, cependant, sont plus importantes que celles du film précédent.

Après *Désirée*, Brando accepte de jouer dans une production de Sam Goldwyn, *Guys and Dolls* (*Blanches colombes et vilains messieurs*). Il s'agit en fait de la version filmée d'une amusante comédie musicale que Frank Loesser a présentée à Broadway, elle-même inspirée de nouvelles, écrites par Damon Runyon. Elles racontent l'histoire de New-yorkais peu recommandables, mais sympathiques.

Frank Sinatra y incarne Nathan Detroit, propriétaire du plus vieux tripot de la ville. Jean Simmons joue sœur Sarah, une charmante employée de l'Armée du salut. Joseph Mankiewicz réalise le tout.

Cette fois, Brando interprète un joueur de cartes facétieux, Sky Masterson. « La seule raison pour laquelle j'ai consenti à jouer Sky, expliquera-t-il à Truman Capote, c'est que ce rôle me permettait de travailler dans des tons plus gais — le jaune, si vous voulez. Jusque-là, la couleur la plus vive des précédents films avait été le rouge. » Pour apprendre à chanter, il suit les cours que lui prodigue l'un des professeurs de musique de la MCA. Comme il est novice en ce domaine, il lui faut reprendre les mêmes prises des douzaines de fois, et il s'embrouille sans cesse dans les paroles des chansons. Au fond, il est plutôt nerveux et répète que le producteur aurait dû engager quelqu'un d'autre pour chanter sur la bande-son. Curieusement, il se sent beaucoup plus à l'aise dans les numéros dansants, qu'il exécute sous la direction du chorégraphe Michael Kidd, lequel déclare à Peter Manso que « Marlon attaquait ces numéros-là comme un jeu dramatique ».

Tandis qu'il s'escrime à parfaire son chant et ses pas de danse, il sent que la mise en scène ne va pas du tout. Il s'en ouvre à Kidd qui en convient : « Il avait absolument raison. Je regardais les choses d'un point de vue technique. À New York, j'avais placé Sky sur le devant de la scène, en plein milieu pour que le public l'entende bien. Et là, je me répétais. Marlon est venu vers moi : "Écoute, je ne ferais pas ça avec tous ces gens autour de moi. Comme Sky, c'est en privé que je réfléchirais à ma mise. Je ne m'exposerais pas comme ça." »

Par ailleurs, Brando n'arrive pas à s'entendre avec l'autre vedette du film, Frank Sinatra, toujours furieux que le rôle de Terry Malloy lui ait échappé. « Quand Marlon tentait de se montrer aimable et lui demandait de répéter les dialogues avec lui, raconte Phil Rhodes, Frank répliquait : "Ne me parle pas de ces conneries de l'Actors Studio." »

Durant les derniers jours du tournage, Brando rencontre Mankiewicz et se plaint ouvertement du jeu de Sinatra : « Il est censé chanter avec un accent du Bronx. Mais il nous le chante romantique. On ne peut quand même pas avoir *deux* jeunes premiers romantiques. » Il demande au réalisateur d'intervenir auprès de Sinatra et de lui faire changer de ton. Mankiewicz le prie de s'en charger lui-même.

Fort heureusement, les deux vedettes partagent peu de scènes ensemble. Il n'empêche. Sinatra se montre toujours désagréable et refusera de faire la moindre publicité quand *Guys and Dolls* prendra l'affiche. « Sinatra, plaisante Brando, est le genre de type qui, en entrant au paradis, reproche à Dieu de l'avoir rendu chauve. »

C'est à cette époque que Marlon remporte l'Oscar pour sa prestation dans le film de Kazan. Avec son père, il participe à l'émission *Person to Person*, animée par Ed Murrow, sur la chaîne CBS. Montrant un portrait de sa mère, il dit regretter qu'elle ne soit plus là pour assister à ses succès. Car durant un bref laps de temps, Brando tire un certain plaisir de sa notoriété. Il se rend même à un grand barbecue chez les Goldwyn et donne un coup de main à Mme Goldwyn, qui fait cuire des steaks sur le gril. Ce jour-là, elle lui murmure à l'oreille qu'elle n'a jamais organisé un barbecue de sa vie.

Guys and Dolls enchante et ravit Sam Goldwyn, ceci à tel point qu'il offre à Brando une Thunderbird neuve, mais non sans lui demander en retour de collaborer à la mise en marché du film, c'est-à-dire de participer à un duplex avec Las Vegas, à une émission spéciale d'une heure sur ABC, et d'être présent le soir de la première à New York. Joseph Mankiewicz se rappelle que Brando détestait cela.

Cette première a lieu le 4 novembre 1955, au Capital Theater. Une foule de plusieurs milliers de personnes envahit les trottoirs de Broadway et suit des yeux la limousine de Brando qui roule au pas, sous une pluie battante. Soudain, des douzaines d'admirateurs en liesse renversent les barrières, grimpent sur le capot de la voiture et tentent même d'en briser les vitres.

Enfin, lorsqu'il descend de l'auto, un même cri d'enthousiasme emplit Time Square. Deux policiers à cheval et 50 autres à pied tentent de contenir la foule et aident la vedette à pénétrer dans le hall du cinéma. Au cours de la réception qui suit la séance, Brando lance : « C'est bien la dernière fois que je fais de la pub pour cette Thunderbird. »

Sur le plan commercial, *Guys and Dolls* est une grande réussite et obtient quatre nominations aux Oscars. Richard Schickel écrira des années plus tard la chose suivante : « Brando est formidable dans ce film qui est probablement, avec *Les révoltés du Bounty,* le plus sous-estimé de tous ceux qu'il a faits. » Dans le *New York Times*, Bosley Crowther fait une autre remarque : « Au joueur de cartes Sky Masterton, Brando prête une sorte de sérieux, à la fois grave, drôle et charmant. Sa façon de chanter est tout à fait en phase avec lui-même, il a des accents pointus, doux, empreints de sincérité. » Mais lorsque le principal intéressé s'entend chanter à l'écran, il lance à la blague : « Ma voix résonne comme une cornemuse dans un linge humide. »

Depuis quelque temps, il reçoit 6000 lettres d'admirateurs chaque semaine. En 1955, l'*Independent Film Journal* le cite comme la vedette la plus rentable d'Hollywood, plus encore que James Stewart, John Wayne ou Gary Cooper.

Mais cette année-là est aussi l'une des plus difficiles pour l'industrie cinématographique. Hollywood doit redéfinir sa position. Suite à un décret gouvernemental, les

studios sont obligés de se départir de leurs lucratives chaî-
nes de salles de cinéma et la télévision commence à séduire
les auditoires. Des millions de familles, hypnotisées, restent
désormais chez elles devant leur poste et regardent tous les
jours des émissions du genre *I Love Lucy*. On doit se rendre
à l'évidence, le cinéma n'est plus la grande sortie ou le
passe-temps préféré des Américains. Hollywood contre-
attaque en lançant la technique du Cinémascope et de
grands drames historiques, comme *La tunique*.

Peu de temps après avoir remporté son Oscar, Brando
fonde sa propre maison de production, la Pennebaker inc.,
avec son ami George Englund. Au premier chef, cette firme
doit lui permettre de verser moins d'impôts sur le revenu,
et procurer du travail à Marlon père, qui en a bien besoin,
mais Brando veut aussi s'en servir pour réaliser des films
« qui auront une dimension et une valeur sociales, capables
d'améliorer le sort de l'humanité ». À ce propos, Richard
Schickel fera une observation : « Presque tous les problèmes professionnels de Brando découlent de son obsti-
nation à faire des films utiles, c'est-à-dire des films ayant
un contenu ou un message édifiant. Cela réduit ses choix
et sa palette tout en même temps, comme acteur et comme
interprète. » Quoi qu'il en soit, la MCA et la Paramount
soutiennent activement la nouvelle maison ; la Paramount
s'engage même à financer en partie « un nombre indéter-
miné de films ». Comme Marlon Brando est devenu une

star de première valeur, il est normal que les studios fassent en sorte qu'il se sente le plus heureux possible.

Non sans naïveté, Brando attendra longtemps les scénarios valables et les réalisateurs susceptibles de développer son talent. Car à partir de 1955, les petits films indépendants, bien écrits et intelligents, ceux qui lui conviennent le mieux, les films en noir et blanc qui abordent un thème et savent le traiter, comme *Sur les quais*, se feront de plus en plus rares. Il y a des exceptions, bien sûr, *Sweet Smell of Success* par exemple, mais il faut patienter des mois, parfois des années, avant qu'on ne vous les propose.

Brando se met donc à voyager de l'autre côté de la planète. En compagnie du scénariste Stewart Stern, il visite le Pakistan, l'Indonésie et Bornéo. Il songe à réaliser un film sur l'intervention américaine en Asie du Sud-Est. Il déclare vouloir en faire un autre sur les Indiens d'Amérique et un troisième sur l'enlèvement de certains employés des Nations Unies dans les pays du tiers-monde. Aucun de ces projets ne verra le jour, mais la Pennebaker assure la production de deux longs métrages, *Shake Hands with the Devil*, mettant en vedette Don Murray dans le rôle d'un ecclésiastique engagé, et *Paris Blues*, sur des musiciens de jazz. Au départ, le script de *Paris Blues* était écrit pour Brando et Marilyn Monroe, mais les deux stars se détournent du projet et c'est Paul Newman qui tient le rôle principal dans ce film.

Brando père a beau avoir perdu une fortune dans le ranch du Nebraska, de même que dans la recherche de certaines mines d'or inexistantes, Marlon le nomme président de la Pennebaker, en charge de toute l'administration. Il espère qu'en offrant un semblable poste à son père, les tensions qui subsistent entre eux s'amoindriront. C'est le contraire qui se produit, elles s'exacerbent. Le père n'a de cesse de critiquer les projets cinématographiques de son fils, qu'il juge idéalistes. Il estime que Brando devrait dépenser son argent avec plus de sagesse, autrement dit de façon pragmatique.

La Pennebaker installe ses bureaux dans un immeuble appartenant à la Paramount. Marlon père reçoit parfois le courrier adressé à son fils, par erreur, et Brando celui de son père. Un jour, après avoir découvert la chose, Brando fait irruption dans le bureau du père en s'exclamant : « J'exige que tu changes de nom. » Le père hausse les sourcils et répond : « Tu sais, Bud, je portais ce nom-là 25 ans avant toi. C'est donc à toi d'en changer. » À l'occasion, il confie à des proches, d'un air las : « La pire erreur que j'ai faite dans ma vie fut de donner mon prénom à mon fils. »

Les deux hommes, en vérité, se disputent toujours autant. Ils ont même une sérieuse empoignade un certain soir, lors d'une fête que Brando offre à ses amis dans le tout nouvel appartement de son père à West Hollywood. Les invités font un tel raffut que le père leur ordonne de quitter

les lieux. Dans la biographie qu'il a écrite sur Brando,
Charles Higham raconte la scène : « Marlon a refusé d'ex-
pulser ses amis et son père l'a giflé sans aucun ménagement, au point de le faire presque tomber par terre. Marlon
était blanc de rage, mais ne s'est pas défendu. »

Chaque fois qu'il regarde son père, Marlon pense auto-
matiquement à sa mère disparue. Le souvenir des chansons
qu'elle fredonnait, des jardins qu'elle entretenait avec
amour et celui des grandes déceptions, des luttes aussi,
qu'elle a connues en ménage le hantent et le perturbent.
Précieusement, il conserve la bague prise à son doigt et
dont la couleur turquoise tourne peu à peu au gris pâle.

Durant cette période de deuil, Brando revoit Clifford
Odets à plusieurs reprises. Cet homme autrefois plein
d'énergie, l'auteur de *Golden Boy*, de *Awake and Sing*, que
le Group Theatre destinait au meilleur avenir, tire maintenant le diable par la queue. Depuis qu'il s'est installé à
Hollywood, il en est réduit à prier les producteurs de lui
confier la réécriture de scénarios douteux, comme ceux
mettant Elvis Presley en vedette, et il se voit contraint de
vendre une à une les toiles de sa collection de peinture
pour boucler ses fins de mois.

Brando et Odets passent des heures à bavarder de choses
et d'autres. Odets se demande comment les véritables artistes, les grands, parviennent à entretenir la flamme et à
conserver leur puissance de travail. Cette question l'obsède

littéralement et il voue une vénération à Beethoven. Il affirme que le compositeur a tout sacrifié à sa musique.
«Chaque atome de sa sensibilité, chaque cellule de son
cerveau créaient de la musique. Beethoven *cohabitait* avec
son art.» Odets explique aussi comment il convient d'écouter les œuvres du maître. «En fait, dit-il à Brando, tu ne
comprendras vraiment sa musique qu'après avoir passé le
cap des 40 ans. Alors tu seras surpris et transporté, car la
beauté, la grandeur de cette musique, expriment une telle
force vitale qu'il est difficile de tenir le choc.» Odets songe
même à écrire, pour Brando, un scénario qui résumerait la
vie de Beethoven. «Seul un grand artiste peut représenter
un autre grand artiste.» Mais Odets ne parviendra pas à
réaliser ce projet jusqu'au bout.

CHAPITRE 11

En novembre 1955, Brando rencontre pour la première fois une toute jeune femme de 22 ans, Anna Kashfi, au restaurant de la Paramount. Frêle, vêtue d'un sari de soie rouge, elle a le teint olivâtre, de grands yeux sombres et des manières aussi délicates que séduisantes. Tout de go, notre homme se convainc qu'il s'agit ni plus ni moins de la plus belle femme en ce monde.

Anna joue alors dans le film *La montagne*, en compagnie de Spencer Tracy. Brando, se fiant aux dires d'un attaché de presse, apprend que cette femme est née à Calcutta et qu'elle a été élevée par des religieuses dans un couvent français de cette ville. On prétend qu'elle maîtrise huit langues. Un recruteur de jeunes talents l'a repérée à Londres, où elle participait à un spectacle de danse, et Brando suppose qu'elle vient d'une bonne famille hindoue.

Au départ, Marlon se contente d'inviter Anna à manger du homard de temps à autre, avec son associé de la Pennebaker, George Englund, ou encore il la balade dans les collines de Beverly Hills à bord de sa Thunderbird. Brando possède également une vieille Volkswagen pleine de papiers gras et de canettes vides, mais, dit-il à la jeune fille, il sort sa Thunderbird blanche pour les grandes occasions.

Peu de temps après le début de leur liaison, il quitte la Californie pour tourner au Japon un nouveau film, intitulé *The Teahouse of the August Moon* (*La petite maison de thé*). Ce film reprend une pièce de John Patrick, qui a remporté un vif succès à Broadway et Brando y tient le rôle de Sakini, un malicieux interprète, attaché aux troupes américaines qui occupent Okinawa tout juste après la guerre. Mais des pluies diluviennes s'abattent sur la région, obligeant l'équipe à rentrer à Hollywood pour terminer le tournage dans les studios de la MGM.

Anna, qui souffre de tuberculose, vient d'être hospitalisée. Il lui faudra cinq longs mois pour recouvrer la santé. Tous les soirs, en quittant le plateau, Marlon lui rend visite et, parfois, sans même prendre le temps de se changer. Il arrive donc à l'hôpital avec « une bande de caoutchouc autour des yeux, des dents proéminentes, une perruque noire et une couche de fard jaunâtre ». Pour faire ce film, il adopte en outre un accent improbable, qui relève davantage du procédé que du jeu dramatique proprement dit (il a demandé à l'un de ses amis japonais d'enregistrer ses répliques sur magnétophone et il se contente d'imiter l'accent de son ami). Brando s'amuse à répéter l'un des aphorismes du scénario : « La douleur fait réfléchir les hommes, la réflexion les rend sages, et la sagesse rend la vie supportable. » Le soir, il se présente à l'hôpital les bras chargés de fleurs, de friandises et de livres. Il apporte même un projecteur 16 mm afin qu'Anna puisse revoir ses films préférés, comme *Singing in the Rain*.

L'attachement de Brando pour cette femme est si fort qu'il se surprend un jour à la demander en mariage. Il lui offre l'oreiller de sa mère, de même que la fameuse bague. Il déclare parfois qu'il voudrait que Dodie soit toujours vivante afin qu'elle puisse rencontrer Anna. « Elle t'aurait adorée, dit-il, vous vous ressemblez tellement. » Mais en d'autres occasions, il se ravise : « Je suis ravi qu'elle ne soit plus là, car si elle était encore de ce monde, je ne pourrais pas t'aimer. Elle m'en empêcherait. »

Après la guérison d'Anna, Brando l'installe une nuit chez sa tante Betty, à Eagle Rock. « Betty m'a prêté une chemise de nuit, écrit Anna dans son autobiographie, je me suis endormie et j'ai fait un rêve surprenant, très clair, où Dodie venait vers moi. À mon réveil, j'ai raconté ce rêve à Betty et lui ai fait la description de sa sœur : une femme de haute taille, blonde, un peu défaite, mais toujours attirante.

Betty m'a dit : "Oui, c'est exactement elle." Puis elle m'a fait remarquer que je venais de passer la nuit dans une chemise de Dodie. C'était mon premier contact avec le monde paranormal et j'ai trouvé cela assez troublant. »

Brando loue ensuite pour Anna un appartement dans le même ensemble immobilier que son père, à West Hollywood, édifice construit dans le style des années 1930 avec une grande cour intérieure et une piscine. Bien entendu, Anna rencontre le père de Marlon, qu'elle décrit comme un vieil homme un peu revêche, « qui conservait sur le visage un relent de débauche ».

Comme leurs logis sont à proximité l'un de l'autre, Anna entend parfois Brando père se disputer avec Alice Marchak, femme séduisante, qui a été secrétaire à la MCA et que Brando lui a présentée. Un jour, Anna entend même Alice menacer de se suicider. Il semble qu'en apprenant que le père de Brando s'intéressait à une autre femme, Alice ait piqué une crise de jalousie et voulu s'ouvrir les veines. Par la suite, Brando fera d'elle sa secrétaire particulière et Alice restera à son service durant 25 ans.

Après *La petite maison de thé*, Brando enchaîne tout de suite avec un autre film, *Sayonara*, dont l'action se déroule pendant les derniers jours de la guerre de Corée. L'histoire expose le thème de l'intolérance religieuse au sein des troupes américaines. Brando interprète cette fois un certain Gruver, pilote texan amoureux d'une danseuse japonaise.

Avant de signer le contrat, il exige du scénariste qu'il modifie le dénouement du film, car il désire que son personnage
épouse la danseuse au lieu de l'abandonner.

En janvier 1957, Brando se rend donc une nouvelle fois
au Japon. Il emmène avec lui son père et sa tante Betty
pour qu'ils voient le monde et « s'instruisent en visitant des
pays étrangers », dit-il. Il invite également son vieux copain
Carlo Fiore, qui a juré de ne plus toucher à la drogue et qui
donnera la réplique aux acteurs durant les répétitions.
Brando emmène également son ex-compagne, Celia Webb,
censée lui servir de secrétaire.

Durant son séjour là-bas, il adresse à Anna de longues
lettres passionnées, dans lesquelles il se plaint du scénario,
qu'il retouche en bonne partie. Sans cesse, il se dispute avec
Josh Logan, le réalisateur, mais une fois le film terminé, ces
différends ne passent pas à l'écran. Le personnage de
Gruver se distingue par un heureux mélange de gêne,
d'embarras et d'amabilité.

C'est pendant le tournage de *Sayonara* que Truman
Capote se présente sur le plateau et demande l'autorisation
d'interviewer notre homme. Logan met immédiatement
Brando en garde contre lui : « Il va te descendre en flammes,
je te préviens. » Brando rigole et, le lendemain soir, il s'enferme dans ses appartements avec Capote et une bouteille
de vodka.

L'article en question, publié sous le titre « Le duc en son domaine », est considéré comme un tour de force journalistique. L'auteur y décrit une vedette de cinéma bien en chair, imbue d'elle-même, trônant au milieu du désordre qui règne dans sa suite d'hôtel, et commandant coup sur coup « du potage, un steak et des frites, trois rations de légumes, une assiette de spaghettis, du beurre et des petits pains, de la tarte aux pommes avec de la glace, du miel, etc. ». Brando raconte à l'écrivain qu'il essaie de rédiger un scénario qui traitera du problème des préjugés raciaux sous un angle complètement neuf.

Il lui confesse également que les huit dernières années de sa vie ont été une vraie pagaille. Il parle même de sa psychanalyse. « Au début, j'avais peur, peur que cela détruise les pulsions qui me rendaient créatif, qui faisaient de moi un artiste. Une personne sensible perçoit peut-être 50 sensations, là où quelqu'un d'autre en aura sept. Les gens réceptifs sont très vulnérables. Ils sont plus facilement blessés, atteints, à cause de cette sensibilité même. Plus on est sensible, plus on est certain d'attirer la violence et d'avoir des plaies. Il ne faut jamais se laisser aller à ressentir quoi que ce soit, car c'est toujours trop. L'analyse aide. Elle m'a aidé. Pourtant, ces huit ou neuf dernières années, j'ai été pas mal perturbé... Un vrai gâchis. » Enfin, après une conversation de près de cinq heures, Brando avoue être incapable d'aimer quelqu'un, et de faire confiance à qui que ce soit.

La publication de cet article dans le *New Yorker*, en novembre 1957, a l'effet d'une bombe et modifiera du tout au tout l'image de Brando auprès du public. La potineuse Dorothy Kilgallen compare l'interview à une vivisection.

Après l'avoir lue, Brando laisse éclater sa colère : « Ce petit salaud a passé la moitié de la nuit à me parler de ses problèmes. C'était bien la moindre des choses que de lui confier un peu les miens. Je vais l'abattre. » Ce à quoi Logan répond : « Tu aurais dû le descendre avant de l'inviter dans ta chambre. »

Brando songe à engager des poursuites contre l'écrivain, mais il se ravise et, lorsqu'on lui demande ce qu'il compte faire, il hausse les épaules en disant : « Je pense le fouetter avec une nouille. » *Sayonara* remporte un énorme succès public et, pour la cinquième fois, le nom de Brando entre en lice pour les Oscars.

À cette époque-là, Brando travaille sans arrêt. Dès juin 1957, il se rend à Paris pour tourner *The Young Lions* (*Le bal des maudits*), film tiré d'un best-seller d'Irwin Shaw, qui cherche « à saisir tout le phénomène de la Seconde Guerre mondiale en un seul et même volume ». Edward Dmytryck réalise la chose.

L'histoire suit le parcours de trois jeunes hommes, Michael, un animateur de boîte de nuit, interprété par

Dean Martin, Noah Ackerman, un timide GI juif joué par Montgomery Clift, et, d'après les indications initiales de l'auteur, un ardent officier nazi, Christian Diestl, dont le rôle est confié à Brando. Dès la première lecture du script, Marlon promet à Carlo Fiore de « faire de cette canaille de nazi une sorte de héros de tragédie », qui voit Hitler comme une force positive, capable d'offrir au peuple allemand un objectif dans la vie.

Sur ce, il aperçoit un bel homme blond dans un vieux film allemand et lui trouve bonne figure. Il décide de s'en inspirer pour le personnage de Christian. Il se fait teindre les cheveux en blond platine et demande à Rhodes de lui confectionner un nez plus noble à la John Barrymore. Il exige aussi du réalisateur qu'il fasse réécrire le scénario afin que Diestl corresponde mieux à l'idée qu'il s'en fait lui-même. Plus tard, Dmytryck reconnaîtra devant Clift qu'il a consenti à effectuer des changements pour mettre Brando en valeur et lui donner la vedette.

Lors d'une émission diffusée sur CBS, Irwin Shaw reproche vertement à Brando de modifier son rôle, afin de paraître plus sympathique. Brando rétorque qu'il ne veut pas faire de Diestl une ordure, un ange du mal, et tomber du coup dans le cliché manichéen. Il ajoute que Shaw « ne comprend rien au personnage.

— Mais c'est moi qui l'ai créé ! proteste l'auteur.

— Le véritable créateur, c'est l'acteur, riposte Brando. Je le joue, donc il existe. C'est ma création. »

Cette interprétation plus romantique déplaît souverainement à Shaw et à Montgomery Clift. Ils estiment qu'en embellissant le personnage de Diestl, on dilue le film. Clift en discute longuement avec Brando, mais celui-ci ne veut rien entendre. Il a prévu de jouer sa propre mort, à la fin, de façon nettement dramatique, en roulant au bas d'une colline les bras en croix. « S'il fait ça, menace Clift, je me retire. » (Finalement, le personnage joué par Dean Martin tuera Diestl, en lui tirant une balle dans la tête.)

Bien que l'interprétation de Brando rende sensible l'embarras d'un homme déchiré entre son patriotisme et sa morale, cette idée de « nazi vénérable » exaspère les gens, et tout particulièrement ses amis, comme Maureen Stapleton, qui la trouvent offensante. Marlon se querellera longtemps avec eux à ce sujet. Plus tard, il avouera à Maureen qu'il a forcé Dmytryck à accepter ses modifications, puis il admettra que « si Gadge avait réalisé le film, jamais il me m'aurait laissé faire ça ».

Brando se trouve alors au sommet de sa gloire, comme on dit, mais la célébrité est un vrai calvaire pour lui, un embarras de tous les instants, qui l'expose d'ailleurs à des situations périlleuses. Durant son séjour à Paris, une foule d'admirateurs l'assaille ; on lui déchire sa veste et on arrache sa chemise. Aussi devient-il de plus en plus paranoïaque. Il commence à se méfier de tout un chacun, de ceux qui l'entourent, il craint qu'on ne le fréquente pour son seul argent ou pour profiter de sa réputation. De plus en plus, il voit clair dans le jeu des hypocrites et des manipulateurs. «Son regard a changé, raconte Pat Cox. Il n'avait plus la même timidité, la même vulnérabilité qu'avant. Il regardait les autres avec une certaine condescendance, comme s'il les plaignait, comme s'il avait pitié d'eux.»

À la même époque, Brando dit qu'il se sent comme une bombe sur le point de sauter. Il se montre plus agressif aussi, surtout à l'endroit des hommes et particulièrement des paparazzi. Un jour, à Hollywood, il brise l'appareil-photo d'un reporter et, quelque temps plus tard, à Rome, il en prend un autre à la gorge, qui tentait de le photographier en compagnie de l'une de ses maîtresses.

Aussi, durant le tournage du *Bal des maudits*, il s'entoure de ses camarades les plus proches pour mieux s'isoler du public. Il y a parmi eux Christian Marquand, bien sûr, Phil Rhodes et sa femme Marie, car le maquilleur refuse de voyager sans son épouse. Brando fait en sorte qu'on engage Marie comme figurante et elle jouera ce rôle plusieurs années.

Peu de temps après, Brando se marie pour la première fois avec Anna Kashfi, qui est enceinte de lui. Mais la vie conjugale n'est toujours pas son fait et il se pose de sérieuses questions à cet égard. Il s'en ouvre à ses sœurs. Peut-il vraiment faire confiance à cette femme et passer le reste de son existence avec elle ? Plein de bonne volonté, il se donne un an pour réussir et tirer des conclusions. Il songe d'abord à l'enfant et entend agir pour son bien.

La cérémonie doit avoir lieu le 11 octobre 1957, dans la modeste demeure de la tante de Marlon, Betty Lindemeyer, à Eagle Rock. Le nombre de convives est réduit au strict minimum. Il y a Jocelyn et son nouvel époux, l'écrivain Eliot Asinof, mais le père de Brando, lui, n'est pas invité. « Je préfère l'enterrer avant », dit alors Marlon. Anna, pour sa part, se borne à convier le romancier Louis L'Amour et sa femme Kathy.

Anna exige pour son bouquet de mariée une certaine sorte de muguet particulièrement rare, qu'il faut faire venir de San Francisco, ce qui retarde les choses. « Alors, écrit-elle, nous avons bu du champagne en attendant que le muguet arrive, 48 heures plus tard. Bien entendu, tout le monde était passablement ivre. »

Comme il n'a rien prévu à cet effet, le couple ne part pas en lune de miel. Brando, vêtu de son costume sombre, de sa cape noire et d'un feutre mou, se contente de rouler sans but, avec Anna, dans les rues de Los Angeles, et ils passent leur nuit de noces chez les Kanter, à Beverly Hills, puis le week-end suivant chez les L'Amour, à Palm Springs.

La semaine suivante, les journaux ayant ébruité l'affaire, un certain William O'Callaghan, du pays de Galles, déclare

dans un petit quotidien londonien qu'il est le père d'Anna
et que celle-ci se nomme en réalité Joanne O'Callaghan. Il
ajoute qu'elle n'est absolument pas d'origine indienne.
Certes, elle a grandi à Calcutta, mais seulement parce qu'il
y travaillait lui-même comme ingénieur. Enfin, il affirme
que la mère de la jeune femme, Selma Gouse, est Anglaise.

Furieuse, la nouvelle mariée dément ces allégations. Elle
répète qu'elle est bel et bien née à Darjeeling, dans la religion bouddhiste et que ses parents étaient de purs Indiens.
O'Callaghan ne serait que son beau-père, car le vrai, David
Kashfi, est décédé au début de 1955. Anna déclare en outre
que Marlon est au courant de cette histoire. Si le nom de
Joanne O'Callaghan figure sur son passeport, c'est qu'elle
voulait contourner la loi américaine qui limite le nombre
d'Indiens admissibles au pays chaque année. Elle répète
que Marlon n'ignore rien de cela.

Publiquement, Brando lui donne raison, il engage tout
de même des détectives privés pour tirer l'affaire au clair.
On ne sait rien des résultats de cette enquête, mais lorsqu'on l'interroge sur son passé, Anna reste toujours sur la
défensive. Le père de Brando ne voit en elle qu'une « cou-
reuse de dot invétérée ». Durant la période qui suit immédiatement le mariage, le couple dîne en ville chaque soir,
car tout le monde à Hollywood veut rencontrer l'Indienne
qui a réussi à mettre le grappin sur Marlon Brando. Parfois,
ils se rendent dans le beau manoir de Humphrey Bogart, à

Holmby Hills. Tandis qu'Anna bavarde avec Lauren Bacall, Brando et Bogart font de longues parties d'échecs.

On notera que le jeu d'échecs passionne Brando depuis toujours. Il lui arrive de passer des heures à jouer sur le plateau de tournage, avec l'un ou l'autre membre de l'équipe, ou même de jouer seul chez lui. À ce propos, il déclare un jour à l'écrivain Larry Grobel : « Personne ne sait ce qui rend tel joueur meilleur qu'un autre. Les architectes sont généralement de bons joueurs d'échecs. Ça n'a rien à voir avec l'intelligence, c'est plutôt une question d'espace, savoir instinctivement occuper l'espace et le distribuer. »

Le 16 mai 1958, Christian Devi Brando naît à l'hôpital Cedar of Lebanon, en Californie. « Le bébé est magnifique, dit Marlon à la mère. Heureusement, il te ressemble plus qu'à moi. » Le couple s'est réfugié, non dans la chambre d'Anna, mais dans une autre, anonyme, à l'abri des reporters et des photographes qui, déguisés en médecins ou en infirmiers, passent la maternité au crible à la recherche de l'enfant.

Après la naissance de leur fils, Marlon et Anna vivent quelques mois ensemble dans une maison louée, décorée dans le goût japonais, aux murs tendus de soie blanche, maison que le millionnaire Howard Hugues a jadis fait bâtir au sommet de Mulholland Drive. De là-haut, la vue sur Los Angeles est tout à fait splendide, mais les époux se

disputent trop pour en profiter vraiment. Anna reproche à
Brando de laisser des tas de gens circuler librement chez
eux à toute heure du jour ou de la nuit. Ainsi, Dean Martin
vient suivre des cours d'art dramatique et, durant quelque
temps, Maureen Stapleton installe ses pénates dans la
chambre d'amis, jusqu'au jour où Anna la prie instamment
de quitter les lieux. De l'avis d'Anna, Brando engage trop
de domestiques. Ils ont deux jardiniers, un cuisinier et plusieurs bonnes à tout faire. Comme ces personnes ont peu
d'obligations, elles commencent à se chamailler entre elles.
Après quelques semaines de ce régime, Anna congédie la
plupart de ses gens. Brando, lui, ne semble rien remarquer
de fâcheux. Il est plutôt cordial avec ses employés, exigeant
d'eux le minimum, il faut dire qu'il est rarement à la maison. Il passe la moitié de ses soirées en ville, ou ailleurs, en
compagnie de France Nuyen, une splendide asiatique encore toute jeune, qui fait du cinéma et y remporte un certain succès.

En juin 1958, un nouvel incident ébranle la famille. « La
vie de Marlon est une succession d'événements plus ou
moins dramatiques, dit Anna. On dirait qu'il s'en nourrit. »
Sans crier gare, Brando père épouse Anna Frenke Paramore,
âgée de 39 ans, fille d'un homme ayant fait fortune dans
l'immobilier. Il téléphone de New York un beau matin
pour transmettre la nouvelle à son fils. Dans ses mémoires,
Anna raconte que Brando s'est contenté de répondre :

« J'espère que tu seras heureux. » Puis il a violemment rac-
croché le récepteur, en hurlant : « Mais pourquoi m'as-tu
passé la communication ? Je ne peux pas blairer ce salaud.
Quand je songe à sa façon de traiter ma mère... Qu'il aille
au diable ! »

Malgré tout, les deux couples commencent à se fréquenter. Souvent, Wally et Pat Cox se joignent à eux, car ils
viennent d'emménager dans une nouvelle maison à
Coldwater Canyon, non loin de là. Mais les rapports entre
Brando père et fils ne sont pas plus faciles pour autant.
« Quand ils se trouvaient dans la même pièce, rappelle Pat
Cox, leur hostilité était presque palpable, au point que ça
devenait gênant pour nous. Toutefois, ils demeuraient fas-
cinés l'un par l'autre, même s'ils ne s'aimaient pas. »

Les deux hommes transportent leurs brouilles dans les
bureaux de la Pennebaker. Le père reproche à Marlon de
perdre son temps et se plaint du peu d'intérêt qu'il manifeste pour ses affaires. Brando, de son côté, estime que son
père n'a aucune aptitude pour administrer ses finances,
qu'il est nul comme gestionnaire et il songe sérieusement
à le renvoyer. Mais Walter Seltzer et George Glass, ses asso-
ciés, lui conseillent de ne rien faire pour le moment. Il y a
de quoi sourire ici, car Brando lui-même n'est pas très
efficace non plus et refuse de prendre toute décision rela-
tive à la production.

Depuis quelques années maintenant, la Paramount soutient la firme de Brando, mais cette dernière doit impérativement réaliser quelques profits. Pour justifier son existence et, avant tout, les réductions fiscales dont elle jouit, il faudrait que Brando apparaisse dans un film produit par la Pennebaker. Notre homme repousse l'échéance jusqu'au dernier moment, puis accepte enfin de tenir le rôle principal dans *One-Eyed Jacks* (*La vengeance aux deux visages*), un western mélodramatique, de facture plutôt classique, où il est question de trahison et de vengeance, une histoire qui rappelle la légende de Pat Garrett et de Billy the Kid. Marlon engage Niven Busch pour écrire une première mouture du scénario, puis il fait appel à Sam Peckinpah pour en rédiger une seconde. Stanley Kubrick consent à réaliser le film, dans un premier temps, car il souhaite avant tout travailler avec la star. « Tout le monde, raconte Pat Cox, voulait alors travailler avec Marlon Brando. »

L'ambiance s'améliore quelque peu dans les bureaux de la Pennebaker, mais un jour le père de Brando congédie un ami de l'acteur, sous prétexte qu'il ne veut plus voir les gens auxquels son fils s'associe ; il les qualifie de bons à rien, autant qu'ils sont. Brando réintègre immédiatement son ami dans ses fonctions et, furieux, fait irruption dans le bureau de son père pour y vider son sac une fois pour toutes. Il lui reproche d'avoir gâché l'existence de Dodie, d'avoir plongé ses filles dans l'alcoolisme, de n'avoir jamais raté une occasion de le dévaloriser, lui. « Je lui dis qu'il était froid, égoïste, infantile, égocentrique et méprisable au plus haut point, écrit l'acteur dans son autobiographie. Durant ces trois heures, j'ai fait ce qu'en 33 ans je n'avais jamais trouvé la force de faire, mais je n'ai pas cessé d'avoir peur. J'étais terrifié par ce que *lui* aurait pu me faire à *moi*. Il m'avait toujours dominé de toute sa stature, mais plus je parlais, plus j'acquérais la conviction d'être dans mon bon droit. »

Il n'empêche. Durant les jours suivants, Brando ressent les contrecoups terribles de son geste. « J'avais l'impression que le ciel allait me tomber sur la tête pour ce que j'avais dit. » Il ajoute que, par la suite, il a toujours tenu son père en laisse. « Je ne lui permettais ni de s'approcher ni de s'éloigner trop de moi. Je l'avais sous mon contrôle et je ne l'ai jamais laissé partir. »

CHAPITRE 12

Durant toute cette période, Brando s'enferme dans la maison de Mulholland Drive, dont il est devenu propriétaire et qu'il transformera avec le temps en une véritable forteresse. Assisté de Stanley Kubrick, il ré-écrit plusieurs fois le scénario de *La vengeance aux deux visages*, sans parvenir à le boucler. Les deux hommes ne s'entendent pas sur le choix des acteurs, non plus que sur la ligne directrice du film, l'intrigue principale. Après six mois de tergiversations, Kubrick jette l'éponge. « Marlon, dit-il, je ne sais toujours pas de quoi parle ce film-là. » Le sourire aux lèvres, Brando lui répond : « Je vais te dire, moi, de quoi ça parle. Ça parle des 350 000 dollars que j'ai cla-qués jusqu'à ce jour. » D'après lui, cette somme représente les sommes dépensées pour la pré-production.

Kubrick abandonne donc le projet et signe tout de suite un autre contrat qui l'engage à réaliser *Spartacus*. Il confiera plus tard à des amis qu'il avait l'impression que Brando voulait diriger *La vengeance* lui-même et voir à tout dans les moindres détails.

Il n'a pas tort. Brando désire effectivement passer à la réalisation. L'idée d'avoir un contrôle absolu de toute la production, depuis le choix des costumes jusqu'aux éclairages, non seulement le séduit, elle l'emballe. Il commande 12 chevaux et les fait trotter dans ses jardins de Mulholland Drive pour les «auditionner». Il organise aussi plusieurs réunions de production avec les membres de l'équipe, qu'il rassemble dans sa salle à manger, et il ouvre les séances à grands coups de gong chinois.

Il s'occupe lui-même des repérages et choisit avec soin des sites remarquables, à Death Valley notamment, où il va souvent rouler en moto, sur la côte de Monterey aussi. Le directeur-photo, Charles Lang, saura mettre en valeur ces lieux spectaculaires. Peu de temps avant que le tournage ne commence, Brando se rend à la ferme familiale de Mundelein et y apprend à manipuler la caméra, car il veut «comprendre la composition dynamique de l'espace».

Il reprend le script de nouveau et en rédige de nouvelles versions avec Calder Willingham cette fois, qu'il congédiera bientôt, puis avec Guy Trosper. Précisons que le scénario final est très personnel à bien des égards. Dans les meilleurs moments, il traite avec beaucoup d'acuité de deux thèmes chers à Brando, l'ambivalence de la nature humaine et les conséquences tragiques auxquelles la loyauté et la vengeance peuvent exposer des protagonistes. Tout le film est ponctué d'allusions autobiographiques, elles-mêmes inspirées, semble-t-il, par ses relations d'amour et de haine avec son père. Cette fois-ci, Marlon joue le rôle de Rio, un hors-la-loi coureur de jupons, tandis que Karl Malden interprète Dad, un malfaiteur hypocrite, qui a déjà braqué des banques avec Rio, mais qui en vient à le trahir et lui administre la plus violente raclée que Brando recevra jamais au cinéma. À la fin, Rio liquide son ancien complice et s'enfuit avec sa fille.

Un troisième thème affleure entre les signes du script, thème à la fois fascinant et un peu sinistre. Le personnage de Rio, en effet (à moins que ce ne soit Brando lui-même), est persuadé qu'un homme peut ruminer une même rage sa vie durant et en tirer un certain plaisir.

Le tournage de *La vengeance aux deux visages* débute le 2 décembre 1958 et se poursuivra six mois, ce qui est extrêmement long, même à l'époque. L'inquiétude des coproducteurs s'accroît à mesure que les semaines passent, car Brando est capable d'attendre des heures la bonne luminosité ou la formation idéale des nuages au-dessus de l'océan. Un jour, il se démet une épaule en montrant à Malden comment manier le fouet et, une autre fois, l'assistant réalisateur, qui l'observe diriger une scène, lui fait remarquer : « Marlon, tu regardes par le mauvais côté du télémètre. »

Brando éclate de rire et s'exclame : « Putain, pas étonnant que j'aie une semaine de retard. »

Malgré cet amateurisme flagrant, Karl Malden estime que Brando s'est révélé excellent réalisateur. « J'avais confiance en son coup d'œil. À brûle pourpoint, il me dit un jour : "Je veux que le maquilleur s'occupe de toi. J'aimerais qu'il te fasse une crinière de lion pour cette scène." » Quand ce fut fait, Malden trouve l'intuition de Brando lumineuse. « Il savait fort bien cadrer les plans et composer ses images. Il nous surprenait à tous les coups. Et il faisait improviser tout le monde, y compris les figurants. Il disait : "Oubliez le script. À l'époque du muet, les acteurs faisaient tout le temps ça. Commencez la scène comme vous le sentez. Vous serez plus libres en improvisant, vous sentirez moins les contraintes." »

Au départ, le budget du film s'élevait à deux millions de dollars, mais on y engloutit six millions. La Paramount, qui doit se charger de la diffusion, exige de Brando qu'il supprime deux scènes clés. « Ce qui privait le film de tout son mordant », affirme Malden. Pour protester contre cette exigence, l'équipe déclenche une grève, mais celle-ci reste sans effet et la Paramount coupera les deux scènes. Afin de surmonter ce genre de frustration, Brando prend l'habitude de s'empiffrer. Malden se souvient l'avoir surpris dans un restaurant cinq étoiles de Monterey, dévorant deux énormes repas l'un après l'autre, avant de commander une tarte aux pommes en sus et d'avaler un litre de lait.

C'est durant le tournage de ce film qu'Anna Kashfi rompt pour la première fois avec Brando. Elle ne supporte plus ses infidélités. Peu après, le couple divorce officiellement et Anna obtient seule la garde de l'enfant, de même que 440 000 dollars de pension alimentaire échelonnés sur dix ans, dont 1000 dollars par mois pour subvenir aux besoins de son fils. La question de la garde de Christian va resurgir durant des années, prétexte à de fréquentes disputes. Parfois, l'un d'eux s'introduit chez l'autre par effraction et tente même d'enlever l'enfant, car Brando, qui travaille dans diverses régions du pays, ou à l'étranger, prétend qu'Anna ne lui permet pas d'exercer son droit de visite. Un jour, en quittant le bureau des avocats, Anna essaie de frapper Marlon à la tête, après un affrontement des plus houleux. Des photographes surprennent le couple à la sortie et leurs clichés se retrouvent en couverture des magazines *people* partout dans le monde.

Comme on s'en doute, c'est l'enfant qui souffre le plus de cette situation déplorable. On le transbahute sans cesse de Mulholland Drive à l'une ou l'autre des maisons qu'Anna loue à gauche et à droite, où plusieurs nurses, jamais les mêmes, prennent soin de lui. Pat Cox rapporte que Christian donne vite des signes de déséquilibre : « Il semblait désorienté, plutôt confus, il était presque impossible de le maîtriser. »

À la fin du tournage de *La vengeance*, Brando se trouve en possession de plus de 300 000 mètres de pellicule. Il faut cinq heures pour visionner un premier montage sommaire. Sam Shaw, photographe aujourd'hui disparu et l'une des rares personnes qui a eu la chance de voir cette version, la qualifiait de « chef-d'œuvre, de vrai western romantique ». Mais la plupart des dirigeants de la Paramount estiment que c'est pur gaspillage de pellicule.

Brando tente lui-même de réduire la durée du film, mais comme il n'a pas l'habitude de faire du montage, l'opération traîne en longueur. D'autant plus qu'il commence alors à jouer dans *The Fugitive Kind* (*L'homme à la peau de serpent*), film tiré d'une pièce de Tennessee Williams, mettant en vedette Anna Magnani et dont le tournage a lieu dans le Connecticut. Pour interpréter le rôle de Val Xavier, chanteur de blues dont l'histoire se termine tragiquement, Brando touche un cachet d'un million de dollars. Il confiera plus tard à des proches qu'il a vendu son âme en faisant ce film pour payer la pension alimentaire d'Anna Kashfi.

Durant quelques semaines, il parvient à partager son temps entre le tournage du film et le montage du précédent, mais il admet bientôt qu'il ne peut décidément pas faire les deux à la fois. Épuisé, à contrecœur, il laisse donc la Paramount terminer le travail, non sans en éprouver une amère déception à l'égard de lui-même d'abord, mais également envers Hollywood. C'est compréhensible. Il rêvait de signer un film dont il serait vraiment fier. Quand il apprend, un an plus tard, que les dirigeants du studio ont décidé d'en modifier la conclusion pour la transformer en *happy end*, il perd définitivement les dernières illusions qu'il entretenait encore sur l'industrie cinématographique. D'après Karl Malden, « si on avait fait ce film comme Marlon le désirait, à la manière d'une tragédie grecque, *La vengeance aux deux visages* aurait été un western tout à fait d'avant-garde. Il aurait même pu devenir un classique. »

Lorsqu'il prend l'affiche, en 1961, la plupart des critiques l'éreintent férocement. Le *New Yorker*, plus circonspect, parle d'un « mauvais film reposant sur quelques bonnes idées ». Toutefois, ce film nous offre peut-être le plus juste portrait, physique et psychologique, de Brando à cette époque de sa vie, celui d'un homme au visage inoubliable, sur le point de s'empâter, et celui d'un être apparemment incapable d'aimer ou de désirer n'importe lequel de ses partenaires à l'écran. Cette tendance, qui mêle sadisme et masochisme, s'affirmera dans ses prochains rôles.

Le 4 juin 1960, Brando épouse en secondes noces Movita Castenada au Mexique dans la plus stricte intimité. Il installe ensuite sa nouvelle femme dans une confortable

maison à Clearwater Canyon, lui verse des revenus subs-
tantiels mais, curieusement, il ne vivra jamais avec elle.
Bientôt, Movita lui donne un fils, Miko, et quelques années
plus tard une fille, qu'ils nommeront Rebecca.

Avec les années, Brando se révèle un père plein d'indul-
gence, soucieux du bien-être de ses enfants, mais trop souvent absent. Sa conduite avec eux est tout autre que celle
qu'on lui connaît avec les adultes. Il semble plus à l'aise,
joue volontiers et parvient à s'immiscer dans le monde
plus ou moins fantasque des enfants. Lui-même se voit
comme un vrai pater familias. Au cours de sa vie, il reconnaîtra être le père de neuf enfants, sans compter ceux qu'il
adoptera, mais l'un de ses amis intimes déclare : « Personne
ne sait combien d'enfants Marlon a eus exactement. Il ne
doit pas le savoir non plus. »

Il se donne par ailleurs des parents de substitution.
Philip et Maria Rhodes, d'une part, Wally Cox et sa femme
Pat, de l'autre. Il fréquente ces deux couples alternative-
ment, voyage en leur compagnie et vit presque avec eux.
« Marlon était plus souvent chez nous que chez lui, raconte
Pat Cox. Quand on s'absentait, il s'introduisait parfois dans
notre logis et, à notre retour, on le retrouvait allongé sur le
canapé, en train de manger du beurre d'arachide à même
le pot. »

Peu à peu, sans pouvoir remédier à la situation, Brando
voit son ami Cox sombrer dans l'alcoolisme. Hollywood

n'a pas su exploiter son talent original et insolite. Au fil des ans, on lui confie des rôles toujours plus grotesques et le pauvre homme devient une caricature de lui-même. Après avoir incarné M. Peepers durant des années, sa carrière se délite. Il monte un spectacle à Las Vegas qui est un four complet, puis on l'invite de temps à autre à la télévision. Il interprète des rôles mineurs dans quelques films et fait du doublage pour des dessins animés. À l'occasion, il remporte un franc succès dans des comédies et des émissions de variétés. Au fond, Cox ne tenait pas tellement à jouer les amuseurs, mais il ne savait pas ce qu'il voulait faire non plus. Tout comme Brando, il s'intéressait à une foule de choses. Quand c'était possible, Brando faisait en sorte de lui trouver un emploi quelconque dans ses films et les deux hommes restèrent très proches, jusqu'à la mort de Cox.

Dans les toutes dernières années de sa vie, Wally collabore cinq jours par semaine et 52 semaines par an à un jeu télévisé *Hollywood Squares*. Il improvise, fait des blagues et le public le trouve hilarant, même s'il est à moitié ivre la plupart du temps. Mais c'est pour lui de l'argent facilement gagné. Cela lui laisse le temps de faire autre chose, comme « de se promener dans les bois avec Marlon », en observant les fleurs sauvages et en échafaudant des plans plus ou moins extravagants. Wally, Brando et Ursula Andress enregistrent un jour une version intégrale de la Bible ; ils interprètent à tour de rôle les démons et les saints, mais la bande magnétique disparaît, au grand désarroi de Marlon.

Wally et Pat gardent souvent le second fils de Brando, un enfant presque infernal. Indiscipliné au possible, il prend parfois plaisir à mordre les gens. Cox, homme au tempérament plutôt doux et posé, parvient à le supporter un certain temps, mais un jour qu'il bavarde avec Brando au téléphone, il se surprend à dire : « Tu sais, Marlon, je n'aime vraiment pas Miko. »

— Quoi ? Qu'est-ce que tu dis ? demande l'autre d'une voix sombre.

— Je n'aime pas Miko.

— J'arrive tout de suite, lance Brando, en raccrochant brusquement.

Cox se tourne alors vers Pat : « Je crains que notre amitié ne soit fichue. Pourtant, il fallait bien que je lui dise ce que je ressens. »

Les Cox habitent alors au pied de Mulholland Drive et Marlon est chez eux quelques minutes plus tard.

— Répète-moi ce que tu disais tout à l'heure à propos de Miko, ordonne-t-il en entrant dans le salon.

Cox tient bon.

— Je n'aime vraiment pas Miko. En fait, je ne peux pas le sentir.

À ces mots, Brando s'effondre dans un fauteuil.

— Quel soulagement ! marmonne-t-il. Parce que je ne l'aime pas beaucoup moi non plus et je me sens moins coupable de te l'entendre dire.

Mais à mesure que l'enfant grandit, Brando se rapproche de lui. Aujourd'hui, Miko est le seul de ses fils qu'il voit régulièrement.

Sam Spiegel voulait confier à Brando le rôle de Lawrence d'Arabie. Après une première rencontre à Paris avec le réalisateur David Lean, Marlon, qui ne tient pas à passer un an dans le désert à dos de chameau, décline cette offre. Il signe un autre contrat et se lance dans le tournage d'un *remake* de la MGM, *Mutiny on the Bounty* (*Les révoltés du Bounty*), dans lequel Clark Gable et Charles Laughton partageaient jadis la vedette. Brando consent à reprendre le rôle de Fletcher Christian, à condition que le scénario expose ce qui s'est produit après la mutinerie. Qu'ont fait les marins dans l'île de Pitcairn ? Pourquoi se sont-ils entretués, alors qu'ils vivaient dans un lieu paradisiaque ? (Cet ajout pose un problème, en ceci qu'il déséquilibre toute l'histoire, dont le point fort est bien sûr la mutinerie elle-même.)

Le tournage commence en octobre 1960, à Tahiti, là même où Brando rêvait de se rendre quand il était adolescent, la belle île avec ses plages de sable pâle, ses vents doux, parfumés, et ses habitants toujours enjoués, aux visages

« sans apprêt ni dissimulation ». Là-bas, il peut entrer sans chaussures dans n'importe quel bar, ou nager nu dans le lagon sans attirer l'attention de personne. Il refuse le manoir que la MGM met à sa disposition et choisit plutôt une hutte face à la plage. Chaque jour, après le travail, il enfile un paréo, joue des congas durant des heures, ou encore va danser avec les filles du village. Bientôt, il tombe follement amoureux de sa partenaire, une jeune fille de 19 ans, mi-Chinoise, mi-Polynésienne, Tarita Tumi Teriipaia, qui a laissé son emploi de serveuse, dans l'espoir qu'on lui offre un rôle.

Quand il en a l'occasion, Brando part à la découverte de l'île. Peu de temps après son arrivée, il monte au sommet de la plus haute montagne et aperçoit un long atoll loin dans la mer, portant le nom de Tetiaroa. Ce lieu appartient à une aveugle, Mme Duran, qui y vit avec ses 40 chats et chiens. Brando la rencontre et lui fait promettre de lui vendre l'atoll si, bien sûr, elle songe jamais à le quitter.

Ces splendeurs mises à part, le séjour à Tahiti, en particulier le tournage des *Révoltés*, se transforme en vrai cauchemar ; cette période marque « le point culminant du sybaritisme de Brando », écrit son biographe Peter Manso. En effet, la réalisation est une succession ininterrompue de problèmes en tout genre : délais interminables causés par des tempêtes tropicales, repérages fort mal choisis, maladies au sein de l'équipe, décès même de certaines personnes.

Brando se dispute continuellement avec le premier réalisateur, Carol Reed, qui est congédié au milieu du tournage,
à moins qu'il n'ait lui-même démissionné après avoir traité
sa vedette de «paresseux, de frivole et de comédien super-
ficiel». On le remplace par Lewis Milestone, réalisateur
têtu et chevronné, qui a tourné des classiques comme *À
l'ouest, rien de nouveau*. Milestone se querelle également
avec Brando, lui reproche de prendre du ventre. Il faut dire
que le poids de notre homme passe alors de 90 à 110 kilos,
ce qui oblige les éclairagistes à faire des miracles et les
costumières à recoudre chaque jour ses vêtements. En
outre, Milestone et Brando ne voient pas le scénario de la
même façon. On en fera 27 versions différentes, sans trouver une fin convenable. Au fil des semaines, Brando devient
de plus en plus insupportable, allant même jusqu'à quitter
le plateau durant les prises. Les autres vedettes du film,
Richard Harris et Trevor Howard, le trouvent ridicule et
nullement professionnel.

Milestone démissionne à son tour, juste avant qu'on ne
boucle le tout, et George Seaton tourne la dernière scène,
celle de la mort de Christian. Pour plus de réalisme, Brando
exige qu'on porte sur le plateau 50 kilos de glace pilée et il
s'allonge dessus afin de connaître les «affres de la mort».

Enfin, en octobre 1961, les employés de la MGM commencent le montage des kilomètres de pellicule qu'on leur
envoie de Polynésie. Mais on ne sait toujours pas quelle

sera la conclusion du film. De nombreux scénaristes s'échinent à trouver une fin crédible pendant près d'un an, jusqu'à ce que le réalisateur Billy Wilder fasse une proposition. Brando l'examine, l'accepte et on tourne la scène finale.

Le coût de cette production s'élève à 20 millions de dollars, sans compter les sept millions nécessaires pour tirer des copies et faire la publicité. Proche de la faillite, la MGM tient Brando responsable de ces débordements ; elle lui reproche d'avoir été impossible durant le tournage, absolument intenable, mais d'autres problèmes — scénario inachevé, mauvais repérages — expliquent aussi les sommes astronomiques englouties dans cette aventure. Il n'empêche. La MGM répand des tas d'histoires désobligeantes sur Brando dans toute la presse et notre homme réplique en menaçant d'engager des poursuites si on ne met pas fin à cette campagne de dénigrement. Par ailleurs, il porte plainte contre la Curtis Publishing Company et exige un dédommagement de cinq millions de dollars pour diffamation, après la parution d'un article dans le *Saturday Evening Post*, intitulé : « Comment Brando a crevé le budget du remake *Les révoltés du Bounty* ».

Il faut rappeler ici que la faune hollywoodienne n'a jamais aimé Brando, tant l'homme que son comportement. On le trouve beaucoup trop excentrique, incontrôlable. Durant quelques années, son énorme succès auprès du public et son Oscar ont tenu ces gens-là en respect, mais la mauvaise réputation qu'il traîne derrière lui s'accroît avec le temps et il devient sujet de moquerie.

Lorsque *Les révoltés du Bounty* sort en salles, la critique le descend sans ménagement. Le magazine *Time* qualifie le film de « foutaise sentimentale ». Toutefois, dans sa biographie de Brando, Richard Schickel voit dans le personnage de Fletcher Christian une composition originale et courageuse. Il va même jusqu'à écrire que c'est l'une des interprétations les plus fascinantes que Brando ait jamais données. Il le trouve « délicieux, formidable, drôle, très juste et tout d'une pièce ». D'après lui, si les autres comédiens avaient été à la hauteur, *Les révoltés du Bounty* aurait pu devenir un film culte et non pas une immense farce.

À partir de ce moment, la carrière de Brando va chanceler et piquer du nez. Le comportement déraisonnable d'Anna Kashfi le rend presque fou de rage. La jeune femme ne se domine plus, elle boit, prend des médicaments et connaît des moments d'allégresse, suivis de phases dépressives inquiétantes, allant jusqu'à menacer Marlon d'un couteau. Les médecins découvrent qu'elle est sujette à des crises d'épilepsie et elle tentera plus tard de se suicider. Anna et Brando se querellent encore pour la garde de Christian, dont le sort et l'attitude plongent le père dans de vives angoisses.

Ce n'est pas tout. L'acteur subvient aussi aux besoins de Movita et de leur fils Miko, puis de leur fille, Rebecca. Tarita tombe enceinte à son tour. À cela s'ajoutent les déboires financiers de Brando père, qui a si mal administré les biens de son fils que Marlon se retrouve quasiment sans capital ; ses investissements ne rapportent presque rien. Certes, Brando se soucie du bien-être de ses enfants, mais des tas de gens comptent toujours sur lui pour assurer leur subsistance, des maîtresses, des amis, des proches. Pat Cox raconte qu'à cette époque Brando se montrait encore d'une prodigalité excessive à l'endroit d'une foule de personnes.

Pour remédier à la situation, Jay Kanter, qui n'est plus son agent depuis qu'il a obtenu le poste de producteur délégué, dresse un plan financier et propose à Brando de vendre la Pennebaker à Universal pour un million de dollars. Il invite ensuite cette dernière à financer le prochain film « politique » que Marlon désire tourner depuis des lustres, *The Ugly American* (*Le vilain Américain*). Ce film, basé sur un roman à succès d'Eugene Burdick et William J. Lederer, est en fait un pamphlet à peine voilé sur l'échec de la politique étrangère américaine en Asie du Sud-Est. Malgré une campagne publicitaire solide, orchestrée par Brando lui-même, le film s'effondre au box-office dès sa sortie.

L'arrangement financier de Kanter prévoit en outre que Brando jouera dans un certain nombre de films produits par Universal, pour un cachet de 270 000 dollars chacun, ce qui est presque insignifiant, comparé au million de dollars qu'il a touché pour son rôle dans *L'homme à la peau de serpent*. Les clauses de cette entente auront des conséquences fâcheuses pour lui, mais comme il a vraiment besoin d'argent, il se résout à conclure le marché.

Au cours des dix années suivantes, Brando tournera dans 17 films, dont cinq pour Universal. Nombre d'entre eux lui déplaisent souverainement. Il aurait bien voulu ne jamais les faire, du reste, mais sa situation étant ce qu'elle est, il se voit contraint de signer. Parmi ces films, il y a le très catastrophique *Bedtime Story* (*Les séducteurs*), que le réalisateur aurait voulu comique, sans y parvenir du tout. Brando prend toutefois plaisir à jouer dans ce film, car David Niven, qui partage la vedette avec lui, le fait rire sans arrêt. Parmi les autres, il y a un film dit d'espionnage, *Morituri*, avec Yul Brynner, et *The Appaloosa* (*L'homme de la sierra*), un western mexicain au cours duquel le personnage interprété par Brando est traîné par un cheval au galop dans une rivière caillouteuse, comme s'il s'agissait d'une sanction rituelle. Enfin, signalons une autre comédie dans l'esprit de celles qu'on tournait au cours des années 1930, *La comtesse de Hong Kong*, réalisée par Charlie Chaplin. Dans son autobiographie, Brando décrit le comportement presque sadique de Chaplin à l'endroit de son propre fils, Sydney, et fait allusion à la mauvaise haleine de sa partenaire, Sophia Loren.

Inutile de s'attarder sur ces films. Il suffit de noter que dans chacun d'eux, on retrouve ici et là des scènes qui rappellent la superbe du Brando des débuts. Notre homme cherche à camper ses personnages du mieux qu'il le peut. Mais tout en même temps, on décèle chez lui un détachement certain. Il joue de façon professionnelle, mais sans inspiration particulière. Aucun de ces films, d'ailleurs, ne remportera un succès notoire. Brando plonge alors dans la déprime et prend du poids.

Brando éprouve le besoin impératif de faire quelque chose d'utile, capable d'apporter un changement salutaire. Il se rend donc au nord de l'Inde où sévit une famine qui alarme tous les journaux du monde. À ses frais, il entreprend de réaliser un documentaire sur les programmes d'urgence que l'UNICEF vient de créer pour venir en aide aux indigents. Le cœur lourd, il tourne des scènes insoutenables, montrant des enfants émaciés, des hommes et des femmes mourant de faim, auxquels on refuse de donner de la nourriture, au motif qu'ils sont « intouchables ». Il filme aussi les murs des hôpitaux couverts de mouches. Le tout dernier jour, un enfant meurt de malnutrition sous ses yeux et il doit poser sa caméra pour contenir ses larmes. De retour aux États-Unis, il montre ce qu'il a fait à Jack Valenti, qui seconde alors Lyndon Johnson, et qui lui promet de présenter la chose au président. Mais Brando n'entendra plus parler de cette promesse. Il contacte d'autres personnes influentes à Hollywood, mais aucune d'elles ne s'intéresse à son histoire et il ne parvient pas non plus à vendre le film à la télévision. Plus tard, l'UNICEF se servira de certains extraits pour collecter des fonds.

Au fond, Brando se cherche un autre Kazan, c'est-à-dire un réalisateur qui partagerait avec lui certaines valeurs artistiques, qui saurait accorder de l'importance à l'intrigue et aux personnages. Il pense l'avoir trouvé en la personne d'Arthur Penn, qui a travaillé à l'Actors Studio et qui s'est fait un nom à Broadway en produisant des pièces excellentes, *Miracle en Alabama* et *Deux sur une balançoire*.

Au cours de l'été de 1965, tandis que des émeutes font rage dans les rues de la petite ville de Watts, Penn et Brando commencent le tournage d'un nouveau film, *The Chase* (*La poursuite impitoyable*), basé sur un scénario de Lillian Hellman. Le scénario reprend la thèse plus ou moins fantaisiste selon laquelle des Texans auraient fomenté l'assassinat de John Kennedy. Brando interprète cette fois le rôle d'un shérif de campagne bedonnant, aux idées libérales, qui tente de réfréner les passions fanatiques de ses concitoyens extrêmement réactionnaires. Un certain nombre des partenaires de Brando ont joué à l'Actors Studio à un moment ou l'autre de leur vie : Jane Fonda, Robert Redford, Robert Duvall, Janice et Angie Dickinson, qui interprète ici la femme du shérif. Tous se disent enchantés de travailler avec la vedette.

Quant à Marlon, il tient à restaurer sa réputation, mise à mal lors du tournage des *Révoltés du Bounty*. « C'était un plaisir que de le voir prendre possession du plateau, raconte Penn à Richard Schickel. Tout doucement, il le faisait sien. Il déplaçait un objet, ici ou là, et bientôt le plateau devenait son lieu, son univers. Il improvisait sans cesse, changeant le rythme de ses répliques et les inflexions de sa voix. Marlon est un improvisateur né. C'est vraiment sa façon à lui de s'approprier le personnage. »

Brando intervient dans la mise en scène de la rude bagarre, au cours de laquelle le shérif est malmené par une foule alors qu'il veut justement empêcher cette foule de lyncher un homme, interprété ici par Robert Redford. Un témoin raconte que Marlon s'était couvert le visage de faux sang et qu'il a gardé un mégot de cigare serré entre les dents, tandis qu'on le battait presque à mort. L'importance qu'il accorde à cette scène s'explique par ceci qu'il renverse alors le rôle de son personnage et toute la situation. En effet, au lieu de rétablir l'ordre dans la ville à feu et à sang, le shérif évite la bagarre, ce qui envenime les choses.

Le soir, après le tournage, Penn organise chez lui des réceptions bruyantes, où se réunissent les collecteurs de fonds qui militent pour l'égalité des noirs. Au milieu des années 1960, les cercles hollywoodiens se politisent énormément et

Brando se trouve souvent en première ligne. Lors d'un immense défilé pour les droits civiques au Mississippi, où James Meredith, Martin Luther King et Stokely Carmichael marchent en tête, la présence de Brando est très remarquée et fait grande impression.

Dans un premier temps, il paraît satisfait de *La poursuite impitoyable*. Mais Sam Spiegel, le producteur, commence à tripoter le scénario, à y ajouter plus de violence « afin d'augmenter les chances du film au box-office ». Dès lors, Brando est dégoûté et ne se gêne pas pour le faire savoir : « S'ils [les producteurs] ont décidé de se conduire comme des imbéciles, je vais me contenter de prendre l'argent, de faire ce qu'ils attendent de moi, puis de me tirer. » À la fin, Spiegel annule le contrat qui le lie à Penn et emporte la pellicule à Londres, où on effectue le montage en suivant le scénario original à la lettre, sans tenir compte des conseils du réalisateur. « Ils ont supprimé les meilleures improvisations », déclare Penn dans une interview.

D'après Richard Schickel, la première du film, à New York, est un véritable désastre. Le public hue, siffle sans arrêt, insulte même les personnages à l'écran. Mais aujourd'hui, des décennies plus tard, certains critiques révisent leur jugement et trouvent à ce film des qualités qui leur échappaient à l'époque. Il en est ainsi de plusieurs autres films de Brando, jadis rejetés et appréciés maintenant à leur juste valeur.

De tous les personnages qu'il a incarnés durant les années 1960, le major Weldon Penderton, un homosexuel refoulé, est sans doute celui dont Brando est le plus fier. Réalisé par John Huston en 1967, *Reflections in a Golden Eye* (*Reflets dans un œil d'or*) est tiré d'un roman plus ou moins fantastique de Carson McCullers. Dans le film, Brando effectue des variations sur un thème qui lui est cher. Schickel le décrit comme « une sorte de progression qui amène le personnage à reconnaître une vérité douloureuse sur lui-même ». Cette fois, Elizabeth Taylor partage la vedette avec Brando et Julie Harris. L'intrigue met en scène « des couples qui cherchent à s'extirper des rôles sexuels dans lesquels ils se sont piégés ».

Brando y est tout à fait remarquable, avec son accent étouffé du Sud, ses cheveux collés sur le crâne et son uniforme impeccable. Il a l'air d'un « petit garçon jouant au soldat ».

On voit dans ce film une scène angoissante, durant laquelle le major, galopant sur le cheval de sa femme, traverse des sous-bois et cherche à surprendre un soldat dont il est secrètement amoureux. Ce dernier se trouve alors nu dans une clairière. Quand son cheval le renverse, Penderton éprouve une telle humiliation qu'il le fouette avec cruauté, avant d'éclater en sanglots. Schickel écrit que, dans cette scène, « le personnage se retrouve pour la première fois devant son moi fondamental et lacunaire, celui-là même que ses attitudes ne peuvent plus dissimuler ».

Brando prend ici des risques avec son image publique, mais à partir du moment où le major reconnaît le véritable objet de son désir, il en prend davantage encore, comme acteur. Il fait des moues, par exemple, il pleure, applique de la crème sur son visage comme le ferait une adolescente en attendant le soldat qu'il aime, alors que celui-ci s'est entiché de sa propre épouse.

Julie Harris a l'impression que Brando « se livrait à une exploration de sa propre sexualité ou de son tourment intérieur. Mais son travail était tellement beau et tellement pur qu'on ne pouvait savoir quelle en était l'origine. Il n'aimait pas faire l'acteur et il ne respectait pas son propre talent. Mais son don était tel qu'il n'était pas capable de le gâcher. Il pouvait prendre du poids, il pouvait dire que tout ça était de la merde, il ne pouvait détruire son talent. »

John Huston estime que *Reflets dans un œil d'or* est l'un des meilleurs films qu'il ait jamais réalisés, mais le public ne suit pas, car les questions comme l'impuissance, l'homosexualité ou les tourments psychologiques rebutent trop. En 1967, à sa sortie, le film s'écrase au box-office. On ignore si Brando est froissé par le silence avec lequel on accueille sa formidable prestation.

Le film suivant sera le catastrophique *Candy*, une pochade plus ou moins pornographique, tirée d'un roman de Terry

Southern et réalisée par Christian Marquand, où Brando interprète un gourou indien complètement dingue. Lui-même s'en moque. Il dira de *Candy*, comme de *La nuit du lendemain*, film d'espionnage qu'il tournera ensuite : « Cela n'a guère plus de sens qu'un rat baisant un pample-mousse. » Au fond, il se laisse dominer de plus en plus par sa colère et son mépris de soi. À cette époque, il confesse la chose suivante : « Le métier d'acteur est celui d'un bon à rien. Il mène au plus parfait sybaritisme. On vous paie pour ne rien faire et tout se résume à rien. »

Entre chacun de ces tournages, il se réfugie dans son atoll près de Tahiti, seul endroit où il désire vivre, « le seul lieu où j'ai connu le bonheur », dit-il. En 1967, il achète Tetiaroa pour la somme de 270 000 dollars. À ses yeux, se retirer là-bas est la meilleure façon d'échapper à ses pro-blèmes : ses incessantes disputes avec Anna pour la garde de leur fils et toute l'attention que la presse accorde à ses multiples aventures amoureuses. Sur place, il vit dans une simple hutte au toit de chaume, comprenant une seule pièce, avec un grand lit, recouvert d'une moustiquaire.

Il élabore des plans mirifiques pour son île. D'abord, il veut y réunir des groupes de réflexion, former une colonie d'artistes, de scientifiques et de littérateurs, qui échange-raient leurs idées en vue d'améliorer le monde. Il va engloutir des millions de dollars dans des projets environ-nementaux. Il craint qu'une prochaine guerre nucléaire n'efface à peu près toute trace de civilisation sur le globe. Aussi, voit-il son atoll comme une sorte de paradis où pourront se réfugier sa famille et ses enfants. Avant tout, il souhaite que Tetiaroa vive de ses propres ressources. Plus tard, il y fera bâtir un hôtel et une piste d'atterrissage, afin d'attirer les touristes. Mais tous ces efforts échoueront l'un après l'autre. L'un des biographes de Brando impute ces revers à l'imprudence, au fait que la plupart de ces projets sont irréalisables, ou encore, parce que Brando ne se rend pas compte que les cultures occidentale et polynésienne sont incompatibles à bien des égards.

CHAPITRE 13

En 1968, Brando voit son monde immédiat se transformer en profondeur. D'abord, Hollywood fait face à
une récession et la Paramount est achetée par le groupe
Gulf & Western, premier conglomérat de ce type. Sur le
plan politique et social, cette année-là marque un tournant
décisif aux États-Unis, secoués par des révoltes et de
grandes manifestations. Certains ont l'impression que le
pays subit toujours les contrecoups de l'assassinat de John
Kennedy et qu'il vacille sur ses bases. Des foules protestent
contre la guerre au Viêt-nam et la police patrouille sur le
campus de l'université Columbia.

À Hollywood, Brando plonge dans la tourmente et devient l'un des militants les plus en vue ; il se rapproche de
Harry Belafonte, de Burt Lancaster et de Sidney Poitier
qui collectent des fonds pour le CORE (le Congrès pour

l'égalité raciale) et pour soutenir l'action de Martin Luther
King. Brando se sert de sa notoriété comme d'un levier
politique. Chaque fois qu'on l'invite à le faire, il prend la
parole à la radio, à la télévision, il y dénonce les atrocités
que subissent les noirs dans les États du Sud. La question
des violences raciales, d'ailleurs, l'absorbe à tel point qu'il
songe à laisser tomber le cinéma pour se consacrer au
mouvement en faveur des droits civiques.

Kazan lui propose un rôle dans un nouveau film, *The
Arrangement*, mais Brando décline l'offre et se tourne plutôt vers un autre projet, *Burn!* (*Queimada*), dont le scénario aura, à son sens, des répercussions politiques plus
pertinentes dans les circonstances. Il y est question, en effet, de révoltes paysannes dans un pays fictif des Caraïbes,
au XIXᵉ siècle. Brando doit interpréter le rôle d'un agent
provocateur, envoyé par l'Angleterre pour inciter les paysans à se soulever et permettre ainsi aux autorités de justifier la répression. Certes, le sujet du film intéresse
Brando, mais plus encore le fait que le réalisateur sera Gillo
Pontecorvo, celui-là même qui a signé *La bataille d'Alger*,
film tourné avec des caméras à l'épaule, des acteurs non
professionnels, et qui est déjà considéré comme un classique, un vrai manuel révolutionnaire, par les gauchistes
quelle que soit leur race.

Brando aborde ce film comme il le fait pour tous
les projets qui le captivent vraiment. De même qu'il avait

discuté longuement avec une bande de motards avant *L'équipée sauvage*, visité le Mexique avant *Zapata*, ou épié les piétons pour mieux camper son personnage du *Tramway*, il se lance cette fois encore dans des recherches minutieuses.

Il aimerait comprendre la mentalité des révolution-naires, connaître leurs mobiles, mais où se renseigner, sinon auprès des Black Panthers ? Ils forment alors, à Oakland, un parti politique très actif et controversé. Ils sillonnent les rues du ghetto noir, armés de fusils et de textes de lois, pour lutter contre la brutalité policière et faire en sorte que les droits des noirs soient partout res-pectés.

Bien entendu, les dirigeants de ce groupe n'ont pas l'habitude d'accueillir des blancs à leurs réunions, mais certains membres insistent auprès de leurs chefs pour rece-voir Brando. Bobby Seale, qui est l'un des militants les plus influents, explique à Peter Manso les raisons qui l'ont con-duit à inviter l'acteur : « Depuis que j'ai vu *L'équipée sau-vage*, à 16 ans, j'ai toujours admiré Marlon » ; Seale s'est même identifié à son personnage de *Sur les quais*. « J'avais entendu parler par les médias de son côté rebelle. [...] Voilà pourquoi j'ai été tout de suite favorable à sa visite. »

Ainsi, par un après-midi brumeux de février, Brando rencontre les Black Panthers dans un appartement de Haight-Ashbury, à San Francisco, chez Eldridge Cleaver.

Parmi les personnes présentes, il y a la femme de Cleaver, Kathleen, Bobby Seale bien sûr, et le secrétaire des Panthers, Bobby Hutton, âgé de 17 ans à peine, qui fait grande impression sur l'acteur par son attitude très digne.

Dans son livre, Brando évoque cette rencontre : « Nous parlâmes jusqu'à 4 heures du matin et j'appris beaucoup de choses sur toutes sortes de sujets, mais surtout sur la vie quotidienne d'un noir à Oakland : les arrestations, les fouilles continuelles de la police pour la seule raison qu'on est noir ; les humiliations et les insultes des flics à l'égard des "sales nègres" ; les emplois pour lesquels on postule avant de lire dans les yeux du patron, à peine passée la porte, que "la place est déjà prise". »

Kathleen Cleaver rappelle pour sa part que Brando avait les yeux rivés sur son mari. « Il ne pouvait pas détourner son regard, comme s'il cherchait à se pénétrer en une seule fois de tout ce qui émanait de lui. » Eldridge Cleaver, que son livre *Soul on Ice* a rendu assez célèbre, était alors président par intérim des Black Panthers, depuis que le président en titre, Huey Newton, accusé de meurtre, se trouvait en prison.

À la fin de la réunion « très intense », précise Seale, Brando sort de son sac le scénario de *Burn !* Il explique qu'il va jouer dans ce film et qu'il a besoin pour ce faire de comprendre les sentiments et les réactions de vrais révolutionnaires vis-à-vis du pouvoir blanc, puisqu'il va interpréter le rôle de l'oppresseur. Il pose ensuite des questions du genre : « Pourquoi vous engagez-vous dans une action qui risque de vous coûter la vie ? » En fait, il semble plus inté-ressé à comprendre comment on se sent lorsqu'on est révolutionnaire, que de se renseigner sur le programme des Panthers, sur la violence qu'ils pourraient employer ou sur leurs prises de position face à l'autodéfense.

Avant qu'on ne le raccompagne à l'aéroport, il propose à Cleaver un poste de consultant pour la durée du film, mais Cleaver refuse. Malgré cela, les deux hommes restent en contact et Brando offrira de l'argent aux Black Panthers. Quand certains membres du groupe sont arrêtés, il lui arrive de payer leur caution, confie Seale à Peter Manso. Au printemps de 1968, la maison de Brando sur les hauteurs de Mulholland Drive devient même un lieu de rencontre pour des militants de gauche, le romancier James Baldwin et la comédienne Jean Seberg, entre autres.

Le 4 avril, le grand leader noir Martin Luther King, âgé de 39 ans, est assassiné à Memphis. Brando apprend la nouvelle à la télévision. Il est horrifié en entendant le gou-verneur du Tennessee, Buford Ellington, réclamer la pré-sence de 4000 hommes de la Garde nationale pour investir la ville et y faire régner l'ordre, sous le prétexte que les noirs représentent 40 % de la population. Bobby Seale téléphone à Brando et le prie de l'aider à se rendre aux obsèques de King, à Atlanta. Marlon lui envoie immédiatement des billets d'avion et retient des chambres pour le jeune homme et deux membres de son organisme.

Après les funérailles, Seale rejoint Brando dans sa suite, où se trouvent plusieurs vedettes d'Hollywood venues partager leur chagrin. Il y a notamment Sammy Davis junior, Harry Belafonte, James Baldwin, Sidney Poitier et Tony Franciosa.

Furieux après la mort de leur chef, les noirs américains se révoltent aux quatre coins du pays. Des émeutes éclatent à Cincinnati, à Chicago, à Baltimore, et plusieurs quartiers de Washington D.C. sont en flammes. Indignés, mais galvanisés aussi par tout ce qui se passe, certains Panthers expriment à voix haute leur intention d'utiliser des armes. Franciosa raconte que l'un d'eux s'est alors tourné vers Brando pour lui demander ce qu'il ferait à leur place. Calmement, l'acteur répond qu'il ne ferait usage d'aucune arme. Franciosa ajoute ceci : « Marlon ne s'adressait pas à eux, mais parlait *avec* eux. Il tentait, avec la meilleure volonté du monde, d'apaiser leurs angoisses. Il voulait unir les gens, non pas les diviser. »

Seale ne pleure pas seulement la mort de Luther King, mais celle de Bobby Hutton en plus, le jeune secrétaire que la police vient d'abattre devant l'un des quartiers généraux des Panthers, deux jours seulement après l'assassinat de King. À la suite d'une fusillade, l'immeuble a pris feu, Hutton en est sorti et des policiers l'ont froidement descendu. Ce jour-là, Eldridge Cleaver et huit autres personnes ont en outre été blessés.

Le 12 avril 1968, la cravate bien nouée autour du cou, Brando assiste aux obsèques de Hutton, à Oakland. L'événement est largement couvert par les médias. Peu après, il se joint à une marche, qui réunit 2000 personnes aux abords de la prison où Newton est détenu. Il grimpe sur un camion et rappelle à cette foule que Bobby Hutton aurait pu être son propre fils. Puis il ajoute : « Le pasteur a dit que l'homme blanc ne peut calmer le jeu, parce qu'il n'a jamais été dans la tourmente. J'essaie, moi, d'y plonger, c'est la raison pour laquelle je suis ici. Vous avez écouté les blancs durant 400 ans et ils n'ont jamais rien fait pour vous. Pour ma part, je m'engage dès maintenant à informer les blancs et à leur dire ce qu'ils ignorent. » Il promet de collecter des fonds et de faire en sorte que le public soit mis au courant des agissements de la police.

En prononçant ce discours, il note que James Farmer, le président du CORE, l'observe d'un œil torve et même hostile. « J'appris ensuite qu'il me méprisait : il me voyait comme l'un de ces libéraux blancs pétris de bonne conscience, raconte Brando dans son autobiographie. Aux funérailles de Bobby Hutton, je sentis pourquoi James Farmer m'avait regardé de cette façon. Je compris soudain, comme cela m'est arrivé en d'autres occasions où j'étais parmi des gens que je voulais aider, que je ne faisais pas partie de leur monde. » Rap Brown lui répète pour l'essentiel les mêmes propos. D'après lui, Brando se fourre le nez dans un univers dont il ne connaît rien, auquel il n'appartient pas et il doit donc se retirer.

Mais le comédien et militant Dick Gregory ne voit pas les choses de la même manière, il salue l'action de Brando. « Sa participation au mouvement en faveur des droits civiques a été très utile, surtout quand il participait aux manifestations dans les États du Sud. » En effet, Brando se rend à Gadsden, en Alabama, où on rapporte qu'il y a eu de violents affrontements entre les noirs et les représentants des forces de l'ordre. Avec aplomb et beaucoup d'amabilité, il fait des discours dans des églises, dans des institutions réservées aux noirs, chez des particuliers également. Gregory ajoute que « dans le Sud, les noirs étaient dominés par des blancs tout-puissants. La participation de Marlon était comme un moyen de dire aux noirs: "Les blancs sont d'accord." Car c'était quand même Marlon Brando. Personne, dans l'histoire du mouvement, n'avait eu autant d'impact que lui. »

À la fin de mai, Brando cesse toutefois de soutenir les Panthers, après qu'Eldridge Cleaver eut publié un pamphlet dans lequel il affirme, entre autres choses, qu'un vrai révolutionnaire doit être prêt à tuer ses propres parents si c'est nécessaire à la cause. En fait, Brando ne condamnera jamais les Panthers en public, mais il s'en éloigne quelque peu et participe alors à l'émission télévisée *The Tonight Show* où il déclare à l'animateur, Johnny Carson, que depuis l'assassinat de King, lui-même, Barbra Streisand, Paul Newman et Drew Pearson se sont engagés à verser 1 % de leurs revenus à la Southern Christian Leadership Conference, un organisme moins radical. Carson promet de les imiter.

Durant l'été, après l'assassinat de Robert Kennedy, Brando prend carrément ses distances et cesse, pour ainsi dire, tout militantisme. Sa vie privée l'accapare trop. Movita, en effet, a engagé des procédures de divorce et Brando doit faire face à la musique. Tout en même temps, Anna Kashfi continue de le harceler et leur fils Christian se montre de plus en plus « tendu, geignard, angoissé, incapable de se concentrer ou d'accorder de l'attention à autrui ».

Et puis Brando doit se remettre au travail, c'est-à-dire commencer le tournage de ce fameux film, *Burn !* Durant six mois, lui, ses partenaires et toute l'équipe, vont souffrir péniblement de la chaleur qui règne à Cartagena, en Colombie, où la température s'élève parfois à 45 °. Au départ, Marlon est ravi de faire ce film, mais bientôt il se dispute âprement avec le réalisateur, sous prétexte que le scénario est inachevé, et il reproche à Pontocorvo le traitement qu'on réserve aux figurants, recrutés en grand nombre au sein de la population locale (Marlon est convaincu qu'on leur sert de la viande avariée). Un jour, Pontocorvo exige de Brando qu'il reprenne 40 fois la même scène, sous un soleil de plomb, tandis qu'un incendie ravage un champ de canne à sucre derrière lui. C'en est trop. Il quitte Cartagena et rentre précipitamment à Los Angeles. Le tournage est interrompu durant des mois et Alberto Grimaldi, le producteur, réclame à Brando 750 000 dollars de dédommagement.

Finalement, on terminera le film au Maroc, où le climat est un peu plus clément. Mais lorsqu'il est présenté en salles, l'année suivante, 20 minutes manquent au montage initial. Esthétiquement, *Burn!* a de grandes qualités, mais l'intrigue est par trop décousue. Il n'empêche. Aujourd'hui encore, Brando estime qu'il n'a jamais si bien joué que dans *Burn!* (*Queimada*). Il affirme qu'avec Kazan et Bertolucci, «le meilleur réalisateur pour lequel j'ai travaillé fut Gillo Pontocorvo».

CHAPITRE 14

Brando est encore tourmenté par le souvenir de ses parents. Les chansons que sa mère lui apprenait tournent en boucle dans sa tête et son père le hante depuis sa mort, en 1965. Brando raconte à Pat Cox qu'il est allé disperser ses cendres en Illinois, sur les terres de la ferme familiale, mais que ce jour-là, en secouant l'urne, il a entendu quelque chose cliqueter à l'intérieur. Pensant qu'il s'agissait de fragments d'os, il craignait que des chiens ne les retrouvent et ne les mâchouillent. Aussi, a-t-il attendu que le soir tombe pour s'aventurer loin dans les champs et semer les cendres à la ronde, comme des grains de blé.

Dans son autobiographie, Brando décrit un rêve qu'il a fait peu de temps après le décès de son père. « J'eus une vision de lui. Il s'éloignait de moi sur un trottoir et il se retournait pour me regarder, semblable à un Willie Loman aux épaules voûtées, avec un sourire las sur le visage. Parvenu au bord de l'éternité, il s'arrêtait et jetait encore un coup d'œil en arrière. Il se tournait à demi vers moi. Les yeux baissés, il me disait : "J'ai fait ce que j'ai pu, fiston." Puis il reprenait sa marche et je savais qu'il était à la recherche de ma mère.»

D'après Pat Cox, la haine de Brando à l'égard de son père est à l'origine de son immense talent et l'alimente. «On voit bien comme elle fait irruption dans le *Tramway*, *Sur les quais* et le *Dernier tango à Paris*. En fait, ses meilleurs films traitent de la colère, de la manière de la dominer, de l'exprimer, tout comme ils traitent de la satisfaction qu'on peut tirer de cette même colère.»

Mais avec le temps, Brando reconnaît qu'il ne sera jamais libre s'il ne se débarrasse pas une fois pour toutes de ces sentiments-là. Il convient aussi qu'il se retrouve un peu en son père : «C'était un homme plein de colère, écrit-il, comme je l'ai été moi-même une grande partie de ma vie.» Il admet qu'il lui faut pardonner pour être capable de reprendre un jour sa vie en main ; il doit oublier, en outre, la brutalité psychologique que son père lui a fait subir depuis l'enfance, en minant systématiquement son estime.

Au début des années 1970, la carrière de Brando est presque au point mort ; la plupart des réalisateurs ne songent plus à lui, car il a pris trop de poids et traverse des phases dépressives. Dix films ont été de cuisants échecs au box-office. De plus, il traîne une sale réputation de causeur de troubles et d'acteur impossible sur le plateau. Ses disputes avec Anna Kashfi reprennent de plus belle, sans parler d'autres problèmes juridiques qui l'accablent. L'un d'eux l'oppose à trois policiers d'Oakland qui le poursuivent en justice, après qu'il a fait des remarques désobligeantes à leur propos en commentant l'affaire Bobby Hutton lors d'une interview télévisée en 1968.

Il possède alors si peu d'argent qu'il accepte un maigre cachet de 50 000 dollars pour jouer dans un film d'épouvante à petit budget, *The Nightcomers* (*Le corrupteur*), qui sera tourné en Angleterre l'année suivante. Il doit y interpréter le rôle d'un garde-chasse irlandais, un sadique conteur d'histoires, qui tient des enfants sous son autorité en leur narrant des récits macabres.

Quelques mois plus tôt, Mario Puzo lui a envoyé les épreuves de son prochain roman *The Godfather*, une saga racontant les péripéties d'une famille de criminels. Ce roman va devenir l'un des plus grands best-sellers jamais publiés. La Paramount songe déjà à en tirer un film, dont Puzo doit écrire le scénario. Avant même de lire les épreuves, Brando appelle Puzo pour le remercier de son envoi et le romancier lui confie que, depuis le début, il le voit dans le rôle de Vito Corleone. Là-dessus, Brando rigole un peu et répond que la Paramount ne voudra probablement jamais l'engager.

Des semaines plus tard, lorsque le fougueux Francis Ford Coppola, âgé de 31 ans, est choisi pour réaliser *Le parrain* et seconder Puzo dans son travail de scénariste, la question revient sur le tapis. Coppola trouve aussi que Brando ferait un excellent patriarche de la Mafia. Ce rôle, qui n'est pourtant pas le principal, domine le récit et il faut un acteur pourvu d'une présence exceptionnelle. Hormis Brando, Coppola ne voit guère que Laurence Olivier, ou George C. Scott, dans les bottes de Corleone. Par la suite, le producteur Al Ruddy et Coppola convainquent Brando de lire, non seulement le roman, mais aussi l'ébauche de script qu'ils ont sous la main. D'emblée, Marlon ne pense pas être en mesure d'incarner un gangster d'origine italienne, du moins il en doute fort. Il se montre même si réticent que Ruddy et Coppola n'en reviennent pas quand Brando les rappelle trois jours plus tard pour leur dire qu'il accepte le rôle. Selon lui, ce film illustre — et en un sens dénonce — la mentalité capitaliste. À ses yeux, les gangsters reprennent à leur compte les valeurs corporatistes de la nation et, du même coup, les parodient.

Mais là n'est pas tout. Ruddy et Coppola doivent encore convaincre les directeurs de la Paramount que Brando serait idéal dans le rôle du Parrain. Aussi, rencontrent-ils Stanley Jaffe et Robert Evans, respectivement président du studio et directeur en chef de la production qui, d'emblée, repoussent cette idée loufoque. Alors Coppola se lance dans un numéro de persuasion sans analogue. Pendant dix bonnes minutes, il affirme que Brando a développé au cours des ans une relation « mythique » avec le public et les autres acteurs, que sa seule présence va hausser la valeur artistique et commerciale du film. Voyant que les directeurs ne marchent toujours pas, il termine son laïus en se roulant sur le sol, les mains sur le ventre et feint une crise d'hyperventilation. Impressionnés, Jaffe et Evans finissent par accepter, à condition que Brando consente à ne toucher que 50 000 dollars, qu'il s'engage à couvrir toute dépense causée par sa conduite « difficile » et, enfin, qu'il tourne un bout d'essai.

Ruddy et Coppola quittent la réunion en se demandant comment ils vont s'y prendre pour exiger d'un comédien, lauréat de l'Oscar du meilleur acteur, qu'il se prête à un bout d'essai. Coppola trouve une astuce. Il dira à Brando, alors âgé de 47 ans, qu'il doit le filmer complètement maquillé, afin de voir s'il est vraiment crédible en vieil Italien de 65 ans.

En son for intérieur, Brando est enthousiaste à l'idée de jouer dans ce film. Jusqu'à présent, jamais il n'a eu la chance de se déguiser entièrement ou de dissimuler sous un épais maquillage ce statut de star qu'il méprise. Or, en incarnant le Parrain, il va pouvoir se travestir au point de disparaître derrière le personnage, comme le faisait naguère Paul Muni, son idole.

Quelques jours après la rencontre avec les dirigeants de la Paramount, Coppola se rend à Mulholland Drive, accompagné d'un cameraman et d'un acteur, Salvatore Corsitto, qu'il prie d'attendre un instant dans le jardin. Il pénètre dans la maison et allume sa caméra vidéo. Plus tard, il décrira ce moment à son biographe, Michael Schumacher : « Sur ma bande vidéo, dit-il, on voit Brando sortir de sa chambre, ses longs cheveux blonds noués en queue de cheval et portant un kimono. Il attache ensuite ses cheveux en chignon derrière la tête et les noircit avec de la cire à chaussures, en commentant tout ce qu'il fait. On le voit fourrer des mouchoirs de papier dans ses joues. Comme il suppose que le Parrain a déjà reçu une balle dans la gorge, Brando adopte un accent curieux et parle d'une voix bizarre. Puis il enfile une veste et en relève le col comme les types de la Mafia ont l'habitude de faire. [...] Ensuite, je lui tends un cigare Toscani. »

Coppola dépose sur la table une assiette pleine de fruits, de fromage et une tasse de café, afin que Marlon puisse manipuler des objets en improvisant.

Le téléphone sonne, puis Coppola fait entrer Corsitto qu'il présente à Brando comme l'un des hommes de main de Corleone. Dès cet instant, Marlon se glisse dans son personnage et les deux acteurs improvisent une petite scène. Cela fait, ils visionnent ce qu'on vient de tourner sur un moniteur et Brando est enchanté de ce qu'il voit. Il

Brando dans *Le parrain* et dans le rôle de Paul, l'exilé vieillissant du *Dernier tango à Paris*. D'après le critique Foster Hirsch, ces deux personnages ont permis à Brando de donner toute l'envergure de son talent. Le premier est son meilleur rôle de composition, et le second, celui dans lequel il se révèle de la plus entière des façons. (Marlon Brando, *Le parrain*, © *Bettmann/Corbis/Magma* ; Marlon Brando, *Le dernier tango à Paris*, © *United Artists Corporation/Bettmann/Corbis/Magma*)

trouve que son visage ressemble à celui d'un bouledogue ; il a l'air redoutable, mais on le sent, au fond, plutôt chaleureux.

Plusieurs mois passent. Brando se rend à Londres pour y tourner *Le corrupteur*. C'est là qu'il apprend la bonne nouvelle. La Paramount l'engage pour jouer le Parrain. Dès ce jour, il travaille avec un entrain et un enthousiasme qu'on ne lui connaissait plus. Sa partenaire, Stephanie Beacham, écrit à son propos dans son journal intime : « Un talent merveilleux, complexe et simple à la fois, brouillon, anarchique même, mais surprenant. » En effet, le jeu de Brando dans le rôle du garde-chasse sadique est rayonnant d'énergie sexuelle, mais il semble que personne ne le remarque, car le film est un échec à sa sortie. Cela dit, avant que deux ans ne s'écoulent, Brando aura la chance d'explorer à l'écran les aspects les plus sombres de la sexualité, en interprétant Paul dans le *Dernier tango à Paris*.

En janvier 1971, Coppola s'envole pour Londres afin de discuter avec Brando de la manière de camper Corleone. Il emporte avec lui des documents susceptibles de donner des idées à l'acteur, de nouvelles histoires sur les chefs de la Mafia, par exemple, et les enregistrements des témoignages du gangster Frank Costello devant la Commission sénatoriale Kefauver sur le crime organisé. Brando est très intéressé par la voix haut perchée de Costello et il l'adoptera dans le film. Coppola souligne qu'il est fort possible de faire de Corleone un charmant vieillard, car les gens puissants n'ont pas besoin de crier.

« Avant qu'on ne commence à travailler ensemble, explique le réalisateur, je pensais que Marlon était une sorte de titan, imprévisible et maussade, or je l'ai trouvé très simple, au contraire, et direct. Il est très tactile aussi, il aime vous toucher. Il aime qu'on se montre franc avec lui, il veut sentir qu'on l'écoute, qu'on tient compte de ce qu'il dit, qu'on lui dise non, quand son idée est idiote, et oui quand elle est bonne. J'ai fait en sorte d'éviter les discussions intellectuelles avec lui, je voulais qu'il sente qu'on ne chercherait pas à le manipuler. »

Ce week-end-là, le jeune réalisateur ne peut dissimuler les angoisses qui le tourmentent. Sans tarder, il raconte à Brando les tribulations de son existence. Durant son enfance, atteint de la polio, il a longtemps gardé le lit et jouait avec des marionnettes. Il confesse qu'il n'a nulle envie, au fond, de tourner *Le parrain*, mais qu'il a impérativement besoin d'argent pour réaliser d'autres rêves. En l'écoutant, Brando découvre un jeune homme romantique et idéaliste, semblable à celui qu'il a été jadis.

Toujours très anxieux, Coppola rappelle qu'il n'a réalisé que quatre films à ce jour, qu'aucun d'eux n'a remporté de succès et qu'il est mort de trouille. D'autres problèmes se présentent. Afin de décourager la Paramount de réaliser ce film-là, la Mafia exerce des pressions et en appelle à la

Ligue pour les droits civils des Italo-américains. On va jusqu'aux appels à la bombe et autres menaces du même ordre. Ruddy parvient à calmer le jeu en promettant que les mots Mafia et Cosa Nostra ne seront pas prononcés une seule fois. Il est contraint, par ailleurs, d'engager certaines personnes, désignées par la Ligue en question, pour travailler durant le tournage.

Brando, de son côté, prépare son rôle d'une façon rigoureuse, qui tranche singulièrement avec le mépris affiché d'ordinaire à l'endroit de son métier. Il se fait inviter à un repas privé et quasi rituel dans le New Jersey, auquel assistent les membres d'une famille de gangsters, très riches, très redoutés. Il y avait environ 40 personnes, raconte Phil Rhodes, qui accompagnait Brando ce jour-là. Marlon s'assoit parmi ces gens, partage avec eux leurs excellentes pâtes, leurs vins les plus fins, et les écoute attentivement, même s'ils parlent italien la plupart du temps. Il note leur attitude empreinte de courtoisie et leurs bonnes manières. Le soir venu, on lui présente des enfants qu'il embrasse affectueusement, de même que des cousins ou de vieilles tantes. Il constate que ces gens accordent une grande importance à la gastronomie, que les femmes sont dominées, soumises, mais qu'on les gâte aussi. Il est surpris de voir à quel point cette famille de criminels prodigue un même amour à chacun de ses membres.

Le tournage commence en octobre 1971, dans Mulberry Street; il se poursuivra dans divers quartiers de Manhattan et à Staten Island. Au début, les choses ne tournent pas rond, Coppola doit résoudre des tas de problèmes. D'abord, voyant que certaines scènes ne fonctionnent pas du tout, il se charge de les réécrire lui-même et de les tourner une nouvelle fois. Chaque jour, il se dispute avec Gordon Willis, le directeur-photo, qui préfère les éclairages tamisés et les ambiances plus feutrées.

À un certain moment, une rumeur circule, selon laquelle Coppola serait bientôt remplacé par Elia Kazan. Un de ses amis conseille même au réalisateur de démissionner. En apprenant cela, Brando met les producteurs en garde: « Si vous virez Francis, leur dit-il, je laisse tomber le film. » Là-dessus, Coppola remporte l'Oscar du meilleur scénario, celui qu'il avait écrit pour *Patton*. Fort de cette reconnaissance, il congédie ceux qui ont remis son autorité en question.

Souvent, il doit réécrire les dialogues sur le vif et l'atmosphère devient tendue, car Brando refuse d'apprendre par cœur ses nouvelles répliques. Il colle des aide-mémoire un peu partout, sur les murs, les bureaux, les fruits posés sur la table devant lui. Il écrit parfois le texte au revers de sa main ou de ses manchettes. Les autres comédiens en sont quelque peu gênés. Coppola lui en fait la remarque, mais Brando proteste: il ne s'agit pas, dit-il, d'un manque de concentration ou d'une difficulté à mémoriser le texte. Il affirme avoir procédé de la même manière quand il tournait *Sur les quais*. « Dans la vie réelle, les gens ne savent pas ce qu'ils vont dire. Souvent, leurs paroles les surprennent eux-mêmes. C'est cette spontanéité qu'il faut retrouver dans un film. »

Coppola se décarcasse pour intégrer au récit les suggestions que Brando lui propose, même en plein travail. « J'ai compris d'où lui venait sa réputation, dira-t-il plus tard, car ses idées étaient très bizarres, apparemment folles. Pourtant, chacune d'elles s'est révélée excellente, sans exception. » Ainsi, Brando décide soudain, contre toute attente, de gifler le chanteur Johnny Fontane « pour lui faire reprendre ses sens ». Plus tard, il s'interrompt au milieu d'une réplique : « Après tout, nous ne sommes pas des assassins », il prend le temps de sentir une rose, puis il poursuit : « ... quoi qu'en pensent les croque-morts ».

Les autres acteurs, Al Pacino, Robert Duvall et James Caan, sont en admiration devant lui et le craignent même un peu. « D'une certaine manière, c'est Marlon qui en a fait des acteurs », déclarait Al Ruddy à Charles Higham. La veille du premier jour de tournage, Coppola invite tout le monde dans un grand restaurant italien pour discuter du film et il a réservé la meilleure place à Brando, au bout de la table. « Quand ils l'ont vu arriver, ils sont restés figés, puis Marlon a lancé une blague. Cette attitude, le fait de ne pas se prendre pour un autre, a détendu tout le monde. »

Au cours du repas, Brando et Coppola se demandent s'il est préférable de montrer le bon côté de Corleone ou, au contraire, de le présenter comme un sale type. Marlon tient surtout à éviter les clichés, il n'entend pas jouer les gangsters comme le faisait Eddie Robinson, par exemple. Il voit le parrain comme un homme fortuné qui respecte les traditions.

Dick Smith et Phil Rhodes mettent au point le maquillage et l'allure de Corleone en confectionnant une prothèse buccale triangulaire, qui fait saillir la mâchoire et accentue les bajoues. Puis ils étirent la peau du visage en l'enduisant de caoutchouc liquide. Une fois qu'il est sec, la peau se détend et le caoutchouc se couvre de rides. Par ailleurs, ils alourdissent les chaussures de Brando afin que sa démarche soit plus lente, empêchée. Outre cela, pour faciliter sa concentration, Marlon porte des protège-tympans, ce qui l'oblige à tendre l'oreille quand ses partenaires lui adressent la parole. Le matin, lorsqu'il sort de la salle de maquillage et se dirige d'un pas lourd vers son fauteuil, le dos voûté, le regard las et vieilli de 20 ans, l'équipe se range et le laisse passer respectueusement.

Dès le début, et plus encore au fil des semaines, il habite entièrement son personnage. Quand ils n'ont rien à jouer, Pacino, Diane Keaton et James Caan restent à l'écart et

l'observent travailler. Marlon apporte sans cesse de nouvelles idées, il invente, il crée. Même sous son maquillage,
il offre une prestation digne de la Méthode. Dans *Le parrain,* nous voyons un grand comédien s'exécuter derrière
un masque.

Un jour qu'on tourne dans les studios Filmways, Brando
surprend un vieux chat miteux rôdant dans les parages. Il
le pose sur ses genoux et, durant toutes les scènes où il
discute avec les gangsters les plus sanguinaires du pays, il le
caresse affectueusement, en parlant de meurtres et d'assas-
sinats. « C'est un mélange d'horreur et de gentillesse absolument incroyable », écrit son biographe, Bob Thomas.

Entre les prises, Brando plaisante avec les autres, mais,
en tout temps, il conserve les attitudes de Corleone. Il s'exprime même avec cette voix sifflante, rauque et râpeuse
qu'il a imaginée pour son personnage.

D'ailleurs, le moment est peut-être venu de dire ici un
mot de la voix de Brando, car il est passé maître dans l'art
de la transformer et il convient de lui rendre hommage à
ce chapitre. En fait, Brando a commencé à modifier ses
intonations très jeune, lorsqu'il faisait ses débuts à Broadway et qu'il imitait les gens croisés dans les rues.

Les accents que le grand public lui prête automatique-
ment sont ceux de Stanley Kowalski, c'est-à-dire la voix
d'un Américain de la classe ouvrière, gutturale, narquoise
et plutôt aiguë. Mais ce n'est là qu'un de ses nombreux

travestissements vocaux, si on peut s'exprimer ainsi. Dans *Acting Hollywood Style*, Foster Hirsch écrit que les tonalités dont Brando joue si bien sont créées de toutes pièces et non pas réalistes. Dans *Désirée*, par exemple, son Napoléon parle avec des intonations britanniques. Son Marc Antoine utilise l'américain standard, ce qui prouve bien que les voix de Kowalski et de Terry Malloy étaient habilement transformées. Il y a aussi son Sakini, le Japonais rusé de *La petite maison de thé*, qui est une composition amusante, tout comme le gourou indien de *Candy*. Pour *La poursuite impitoyable* et *Reflets dans un œil d'or*, Brando emprunte l'accent traînant du Sud des États-Unis, alors que son nazi du *Bal des maudits* a des intonations germaniques. Enfin, le don Corleone s'exprime avec une voix âpre, grinçante, assez fragile aussi, vieillie par l'âge et catarrheuse.

Pendant tout le tournage du *Parrain*, Brando prend réellement plaisir à jouer et à s'amuser avec les membres de l'équipe. James Caan, Robert Duvall et lui se lancent même dans un concours : c'est à qui baissera son pantalon dans les circonstances les plus embarrassantes. Un jour, en pleine heure de pointe, Caan baisse le sien dans la lunette arrière de sa limousine, juste devant celle de Brando. Ce dernier ne demeure pas en reste bien longtemps. Dans les tout derniers jours, 500 figurants, dont 50 enfants, sont réunis pour tourner la fameuse cérémonie du mariage et Brando s'exécute devant tout ce monde. Aussi, lui concédant la partie, Caan et Duvall lui décernent, sous les applaudissements de tous, une boucle de ceinture en argent, sur laquelle il est inscrit : Champion de la Lune.

D'après le contrat signé, Brando doit tourner six semaines, mais Coppola se fait du souci, il a du mal à boucler les dernières scènes, celle qui met en présence Corleone et son fils Michael notamment. Robert Towne s'emploie donc à la réécrire. Brando trouve que Corleone se montre trop manipulateur à l'endroit de Michael et il suggère une piste : « J'aimerais entendre don Corleone exprimer sa vraie nature au moins une fois. »

Le lendemain matin, Towne se pointe avec un nouveau dialogue et le lit à voix haute devant Brando, qui paraît satisfait. Cette scène illustre la passation des pouvoirs ; le vieux Corleone rappelle à son fils ce qu'il doit faire, quels sont ses devoirs, en somme. Michael lui répond qu'il a déjà fait tout ce qu'il fallait. Corleone lui demande ensuite comment va son petit-fils, le fils de Michael, et ce dernier lui répond qu'il lit déjà des bandes dessinées.

Brando propose alors à Towne : « J'aimerais que le don répète cette phrase : Il lit déjà des bandes dessinées. » Voilà un autre détail ajouté par Brando, qui confère à la scène une dimension particulière. On y sent tout à la fois la fierté du grand-père et le déclin du vieil homme.

Puis vient le moment de tourner la scène finale, celle de la mort du Parrain, terrassé par un infarctus, tandis qu'il joue au jardin avec son petit-fils. Au départ, cela ne va pas, l'enfant ne réagit nullement. Coppola prie alors Marlon de lui venir en aide et Brando se rappelle un truc que Rhodes lui a montré et qu'ils ont l'un et l'autre exécuté devant leurs propres enfants. Il découpe des crocs dans une pelure d'orange, qu'il glisse ensuite sous sa lèvre supérieure pour se donner un air monstrueux. Tout de suite, l'enfant tressaille, la prise est bonne et Corleone, le doux vieillard qui a été un monstre sa vie durant, s'écroule dans le jardin.

Jusqu'au tout dernier moment, Coppola est persuadé d'avoir tourné un navet. Il visionne un premier montage sommaire et confie à quelqu'un : «Je me suis planté. J'ai repris un roman sulfureux, salace, plein de jus, et j'en ai fait un film ennuyeux, montrant des types qui bavardent, assis dans une pièce sombre.»

Plus tard, la Paramount reconnaîtra que *Le parrain* a fait plus de recettes au guichet que tout autre film dans l'histoire du cinéma. Certes, Brando est enchanté, mais il n'a pas oublié les conditions humiliantes qu'on lui avait imposées. Aussi, lorsqu'il est question de tourner une suite, *Le parrain II*, il exige un cachet tellement faramineux que les producteurs font réécrire le scénario afin que la présence de Corleone ne soit plus nécessaire. Peu après, Robert Evans propose à Brando d'interpréter Jay Gatsby dans un remake de *Gatsby le magnifique*. Brando négocie lui-même

le contrat, mais réclame une somme beaucoup trop importante, qui coupe court à toute négociation.

Dans la suite, Norman Garey, avocat influent dans les
milieux du show-business, se chargera de la plupart des
contrats de Brando, ceux de *Superman* et de *Missouri
Breaks* notamment. Ils seront si lucratifs que notre homme
deviendra très riche.

CHAPITRE 15

GRÂCE AU *PARRAIN*, Brando renoue donc avec le succès. Ce film marque son retour en première ligne, mais on ne saurait expliquer la splendide réussite du *Dernier tango à Paris* que par une suite de coïncidences heureuses, c'est-à-dire par le fait de recevoir le bon appel au bon moment. En effet, Luigi Luraschi, un vieil ami de Marlon, qui dirigeait alors les bureaux de la Paramount à Rome, lui téléphone un jour pour lui dire que le réalisateur Bernardo Bertolucci possède dans ses cartons un projet de film des plus originaux. Alice Marchak, en qui Marlon a toute confiance, l'enjoint d'y jeter au moins un coup d'œil.

La proposition de Bertolucci arrive à un moment crucial de la vie et de la carrière de Brando, et peut-être le sent-il. Car le *Dernier tango* sera son film majeur, certainement le plus réaliste, le plus audacieux, celui dans lequel son jeu tranche résolument avec tout ce qu'il a fait jusqu'à ce jour. C'est un film où l'artiste se réalise pleinement, écrivait Pauline Kael dans le *New Yorker*. Marlon y est « intuitif, intense, princier. Brando est notre génie à l'écran, tout comme Norman Mailer est notre génie en littérature. »

Bertolucci, alors âgé de 31 ans, raconte son premier entretien avec Marlon, à l'hôtel Raphaël de Paris, au printemps de 1971. « Il s'est assis et m'a fixé dans les yeux pendant un quart d'heure sans dire un mot. » Intimidé, le jeune réalisateur est également extatique devant le comédien qu'il a vu la première fois dans *Zapata*, durant son adolescence. « Puis Marlon s'est mis à me parler dans son français au doux accent polynésien. » Par la suite, Bertolucci avouera qu'il a appris l'anglais en écoutant Brando, mais, comme il marmonne passablement, « personne ne me comprend lorsque je m'exprime dans cette langue ».

Le lendemain, à la demande de Brando, Bertolucci lui projette son dernier film, *Le conformiste*, mettant en vedette Dominique Sanda et Jean-Louis Trintignant (d'abord pressenti pour interpréter Paul dans le *Dernier tango*). L'action se déroule dans l'Italie fasciste des années 1930 et le personnage principal est un homme de la bonne société, partisan de Mussolini. À sa sortie, la critique a rendu hommage à la texture sensuelle des images, au style velouté de la mise en scène et à la fluidité des mouvements de caméra. Une fois la projection terminée, Brando hoche la tête en signe d'approbation. Il confie à Bertolucci qu'une de ses amies au jugement très sûr lui a vivement recommandé de voir ce film. Plus tard, Bertolucci apprendra que cette amie, Anita Kong, une Chinoise qui fut longtemps la maîtresse de Brando, avait vu *Le conformiste* à sept reprises.

Brando demande ensuite à Bertolucci comment il conçoit le personnage de Paul. Le réalisateur explique que celui-ci est un Américain entre deux âges, exilé à Paris, un homme défait, dont l'épouse, Rose, vient de se suicider sans fournir la moindre explication, dans l'hôtel minable qui lui appartenait. Paul rencontre ensuite une jeune femme très libre, Jeanne, dans un appartement désert qu'ils veulent louer l'un et l'autre. Paul la séduit, loue l'appartement, et la suite du film raconte leur liaison uniquement charnelle, vouée à l'échec d'ailleurs, qui se prolonge trois jours durant. Ensemble, ils explorent toutes les facettes de la sexualité, sordide, défendue, obscène, sale ou violente, et cela, sans jamais poser de questions sur leur vie réciproque, sans même se nommer. Dans cette liaison, le sexe est vraiment tout ce qui compte.

Brando trouve l'idée intéressante. Bertolucci avoue qu'il aimerait que Marlon consente à improviser sur ce canevas. « Mes acteurs, lui dit-il, sont tous coauteurs de mes films. » Mais Brando répond qu'il veut quand même lire un scénario.

Au cours de l'été, Bertolucci rédige une première mouture du script, à Rome, avec l'aide de Franco Arcalli, puis il l'expédie à Los Angeles, où il se rend lui-même peu après. Durant trois semaines, il passe le plus clair de son temps chez Marlon, à Mulholland Drive. Les deux hommes discutent de tout, de l'amour, de la sexualité, des femmes et de leur analyse freudienne.

Au premier abord, Brando se montre quelque peu réticent, mais toujours intéressé. Tour à tour, il paraît disposé à se livrer et, parfois, légèrement détaché. Vers la fin de la deuxième semaine, Bertolucci parvient à vaincre ses résistances en expliquant comment lui est venue l'idée du *Dernier tango*. Il confesse avoir toujours eu envie de faire l'amour à une inconnue, à plusieurs reprises, dans une pièce vide, sans chercher à savoir quoi que ce soit sur cette femme. Il avoue s'être inspiré des écrits de Céline, qui divisait le genre humain en deux catégories, les voyeurs et les exhibitionnistes. Il a été influencé aussi par Georges Bataille, auteur de courtes nouvelles très érotiques et perverses, mettant en scène des amants à ce point obsédés par le corps de l'autre, qu'ils veulent sentir ses pets et toutes ses sécrétions. « C'est cela, dit-il, que j'aimerais laisser entendre dans le film. »

De plus, il voudrait que Brando se superpose au personnage, qu'il enrichisse le rôle de ses propres expériences, afin que tout soit vécu de l'intérieur, que ça vienne des tripes. « J'avais à ma disposition un grand comédien, dira-t-il plus tard, pourvu de toute la technique dont un réalisateur peut rêver. Mais j'avais aussi un être mystérieux, avec une personnalité très riche qui restait à découvrir. »

Peu à peu, Brando se met à décrire son enfance difficile à Libertyville et Bertolucci, fasciné, l'écoute attentivement. Bientôt, il devient évident à ses yeux que le problème central de la vie de Marlon fut sa relation d'amour/haine avec son père.

Cependant, les deux hommes n'abordent jamais la question des enfants de Brando, sujet tabou. Il faut dire que Christian, alors adolescent, lui cause de sérieux problèmes. Il boit, se drogue, et Brando ne parvient pas à le contrôler, ce qui, bien sûr, l'angoisse énormément.

Cet automne-là, Brando doit tourner un autre film, *Child's Play* (*Les yeux de Satan*), à New York. Comme son ami Wally a des problèmes financiers, il tente de lui décrocher un rôle secondaire dans le film mais, pour cela, il faudrait que Cox passe une audition. Après quelques différends avec le réalisateur Sydney Lumet, Brando et Cox sont carrément renvoyés.

Alberto Grimaldi devient alors le producteur en charge du *Dernier tango*, même s'il réclame toujours de Brando 700 000 dollars pour sa « conduite inconvenante » durant le tournage de *Queimada*. Mais il se trouve que Grimaldi est le cousin de Bertolucci, qu'il apprécie beaucoup le script du *Dernier tango* et, comme le réalisateur, il estime que Brando serait le meilleur choix pour interpréter Paul. Aussi, propose-t-il de laisser tomber sa poursuite et il offre à Brando 250 000 dollars pour tourner le film, plus 10 % des bénéfices. Marlon accepte sur-le-champ.

L'idée de présenter des toiles de Francis Bacon au début du film est venue très vite à Bertolucci. En octobre 1971, durant la période dite de préproduction, le réalisateur voit une grande rétrospective de l'œuvre de Bacon au Grand Palais. Deux toiles, en particulier, retiennent son attention ; elles figureront au générique et sont en quelque sorte des métaphores de tout le film. La première représente un barbu libidineux sur un canapé rouge, devant des murs jaune et blanc ; il porte un maillot de corps, comme Brando dans de nombreuses scènes du film. L'autre est une étude pour un portrait de femme, assise dans un vieux fauteuil, vêtue d'un chemisier blanc et d'une jupe marron. Elle porte d'affreuses chaussures et semble incapable de regarder le spectateur dans les yeux. En un sens, cette femme ressemble à Jeanne, confuse, éreintée, après le meurtre de Paul. Au bas du portrait, on distingue la silhouette d'un rat. Celui-ci réapparaîtra dans l'appartement vide. À un certain moment, en effet, Brando tient un rat mort par la queue et l'agite devant le visage de Jeanne. Il symbolise leur relation dégénérée.

Bertolucci revoit cette exposition à plusieurs reprises ; il y entraîne son cameraman, Vittorio Storaro, de même que sa costumière et ses décorateurs, afin qu'ils s'inspirent des couleurs du peintre, ses rouges, ses jaunes, ses bruns. Brando arrive à Paris à la fin de janvier 1972, accompagné d'Alice Marchak et de Phil Rhodes, et lui aussi visite l'exposition. « Avec Bacon, explique Bertolucci, on voit littéralement les gens exposer leurs entrailles, puis se maquiller avec leurs propres vomissures. Marlon est comme l'un des personnages des toiles de Bacon. Tout transparaît sur son visage. Il possède cette même plasticité ravagée. »

Brando et Bertolucci s'entendent pour engager Maria Schneider dans le rôle de Jeanne. Avec ses 19 ans et sa figure d'enfant, c'est une jeune femme voluptueuse, sans inhibition aucune, bisexuelle déclarée, en plus d'être la fille naturelle de l'acteur Daniel Gélin, l'une des vieilles connaissances de Brando. Elle a peu d'expérience, mais, au casting, elle remporte la mise sur 200 autres actrices, car, raconte Bertolucci, « lorsque je lui ai demandé de se mettre nue pour le bout d'essai, elle est devenue tout de suite plus naturelle. C'était une Lolita, mais en plus pervers. »

Lorsqu'elle rencontre Brando la première fois, il lui demande quel est son signe astrologique et ils constatent qu'ils sont tous deux Bélier. Dès lors, il se comporte comme un père avec elle, Maria l'avoue elle-même. On s'en rend bien compte dans la scène où elle prend un bain et où

Brando, assis au bord de la baignoire, savonne tendrement son corps comme s'il s'agissait de celui d'une de ses petites filles.

Bien que Maria Schneider diffuse un charme amoral dans ce film et qu'elle y joue bien, elle n'est pas à proprement parler excellente. Il faut dire que, depuis quelques années, les partenaires féminines de Brando ne sont pas toujours à la hauteur. Il reste que Maria Schneider paraît un peu faible à ses côtés. Est-ce parce qu'elle était trop jeune et sans expérience ? Le critique David Thomson qualifie même son jeu de « banal ». Il ajoute que si Brando avait eu une partenaire de taille, elle l'aurait provoqué bien davantage. Mais peut-être aussi que Marlon, à l'instar de Greta Garbo, occupe littéralement tout l'espace et que par conséquent sa présence hypnotise le spectateur. Un autre critique, Andrew Sarris, écrivait que Brando a besoin d'être le centre d'attraction dans un film et, même lorsqu'il joue avec des comédiens de sa trempe, pensons à Trevor Howard ou Anna Magnani par exemple, il ne peut s'empêcher de les déséquilibrer psychologiquement, en improvisant des répliques inattendues, ou en exigeant sans cesse de nouvelles prises, de sorte que ses partenaires s'estompent lorsqu'ils partagent une scène avec lui.

Avant le début du tournage, Brando et Bertolucci se rencontrent souvent et se verront chaque matin, seul à seul, dans l'appartement mis à la disposition de l'acteur, près de la place de l'Étoile. Chaque jour donc, ils décident quelles scènes ils vont tourner, quelle sera la part d'improvisation dans chacune d'elles et ils déterminent pourquoi il est nécessaire d'improviser en l'occurrence. (La scandaleuse scène du beurre a été imaginée par Brando comme ça, un matin, au petit déjeuner.) Bertolucci compte sur Marlon pour définir le personnage de Paul, en plongeant en lui-même, en faisant remonter ses souvenirs à la surface. Le passé, précise-t-il, terrible et implacable, est l'un des thèmes majeurs du film.

Cette façon de travailler s'accorde parfaitement aux désirs du comédien. Toujours, Brando a cru qu'il fallait tourner les films de cette manière-là, c'est-à-dire en colla-borant étroitement avec le réalisateur, comme il l'a fait avec Kazan dans ses premiers films. Il sent qu'il va pouvoir mettre sa vulnérabilité en jeu, s'exposer vraiment, ce que la plupart des réalisateurs, depuis quelques années, réprou-vaient, estimant que c'était de sa part « de l'apitoiement excentrique sur lui-même ». Phil Rhodes, qui le connaît bien et l'a suivi partout, n'a pas vu son ami dans cet état de satisfaction depuis des lustres. Brando confie à Rhodes qu'il va pouvoir pousser ses improvisations bien plus loin qu'il ne l'a fait jusqu'à ce jour. Il est tout disposé à raviver ses souvenirs les plus douloureux et les risques qu'il va courir le fascinent, tout en voyant cette expérience comme une violation de sa vie privée.

La première scène se déroule sous le pont Bir-Hakeim, où commence également *Le conformiste*. Ce pont enjambe la Seine au sud de la tour Eiffel, à l'ouest de la ville, et appartient en fait au métro aérien. On voit Brando, les mains plaquées sur les oreilles, poussant un grand cri contre le bruit assourdissant du métro qui passe alors au-dessus de lui. Le rythme infernal des rames de métro va ponctuer le film et rappeler du même coup les accès d'émotion du personnage de Paul.

Bertolucci reconnaît qu'il a d'abord craint que ça ne tourne mal, car c'est Marlon qui a eu l'idée de pousser ce cri. « J'ai été choqué, avoue-t-il. Il a commencé en hurlant si fort que je me suis demandé si je serais capable de le suivre. J'ai eu très peur. Et cette crainte m'a poursuivi toute la semaine. Ensuite, Marlon m'a dit qu'il avait éprouvé le même sentiment à mon égard. Puis tout s'est bien déroulé. »

Brando habite son personnage avec une intensité re-marquable. Prenons en exemple son apparition dans l'ap-partement vide de la rue Jules Verne. Soudain, il surgit de nulle part, appuyé à un radiateur. Il porte un long manteau de cachemire brun et se recroqueville sur lui-même, comme s'il était pris d'un désir très vif, mais inconscient.

Quand Paul et Jeanne font l'amour la première fois, leur étreinte est prompte et quelque peu primitive. Paul se courbe sur elle, sans retirer son manteau, et elle serre ses jambes autour de lui. Il jouissent en même temps de façon convulsive, puis se détachent l'un de l'autre, tombent sur le sol et roulent sur eux-mêmes en s'éloignant, comme des bêtes pantelantes.

Les principales séquences du film se déroulent dans cet appartement désert, lieu de rencontre de leurs rendez-vous passionnés. Entre ces scènes, nous avons droit à des aperçus de leur vie respective. Paul prépare les obsèques de sa femme, tandis que Jeanne se balade avec son fiancé, un jeune réalisateur, interprété ici par Jean-Pierre Léaud.

La scène au cours de laquelle Paul pénètre dans la salle de bains ensanglantée de l'hôtel, où Rose s'est donné la mort, est juxtaposée à une autre, où on voit Jeanne et Paul dans l'appartement. Paul répète qu'il veut oublier tout ce qu'il sait : « Je ne veux pas qu'on échange nos noms, ni rien. Tout ce qui existe à l'extérieur d'ici est foutaise. » Pour Paul, le bonheur sexuel consiste à dominer Jeanne brutalement et à la dégrader. De son côté, elle semble excitée par cela, intriguée aussi. Il faut savoir que la sexualité illustrée ici était inédite à l'époque. Masturbation, nudité complète, sodomie, Bertolucci explore tout avec son œil de voyeur. À certains moments, Brando semble exprimer ses propres fantasmes, lui aussi, fantasmes de rapports sexuels rudes et dépersonnalisés.

Bien que les acteurs aient l'air d'improviser, plusieurs dialogues sont entièrement écrits, mais Brando s'évertue à

ne point les retenir. Comme il le faisait dans *Le parrain*, il
sème des aide-mémoire un peu partout. Bertolucci n'est
pas moins surpris que l'était Coppola. Il cherche à s'expliquer cette inaptitude à apprendre le texte, ou cette volonté
de ne pas le mémoriser, justement. Est-ce de la dyslexie,
comme l'un de ses amis le suppose, ou un besoin, chez
Brando, de vivre le moment présent de façon plus intense,
une intensité que les mots retenus ne pourraient qu'amoin-
drir ? Finalement, il en déduit que c'est intentionnel.
«Marlon se sert du danger auquel l'expose son ignorance du
texte, comme un moyen de galvaniser son jeu dramatique. »

Parfois, Bertolucci lui-même ne semble pas savoir quel
est le sujet du film au juste. Plus tard, dans une interview
accordée au magazine *Rolling Stone*, Brando aura cette
réflexion : « Bernardo disait à tout le monde que le sujet du
Dernier tango était la réincarnation de ma queue. Maintenant, dites-moi à quoi rime cette connerie ? »

Le réalisateur suédois Ingmar Bergman avancera, pour
sa part, que le *Dernier tango* est en fait un film sur deux
hommes. Maria Schneider abonde dans le même sens :
« Bertolucci était amoureux de Marlon Brando, dit-elle,
c'est ça le sujet du film. Nous exprimions les problèmes
sexuels de Bernardo et nous tentions de les faire passer à
l'écran. » Elle ajoute qu'elle s'est fort bien entendue avec
Marlon « parce que nous sommes tous les deux bisexuels ».
Des années plus tard, Brando reconnaîtra dans une revue

de cinéma française qu'il a eu des expériences homosexuelles, comme la plupart des hommes. « Et je n'en ai pas honte. Je n'ai jamais prêté attention à ce que les gens disent à mon sujet. Au fond de moi-même, je me sens ambivalent. [...] D'une certaine manière, le sexe reste flou. Je veux dire que le sexe est, en un sens, asexué. »

Au départ, Bertolucci voulait que les deux acteurs fassent vraiment l'amour à l'écran. « Bernardo souhaitait que je baise Maria, rapporte Brando dans une autre interview. Mais je lui ai dit que c'était impossible. Si on avait fait cela, nos sexes seraient devenus le centre du film. Il n'était pas d'accord. »

À la sortie du film, Norman Mailer écrira : « Si le sexe de Brando avait vraiment pénétré le vagin de Maria Schneider, ceci aurait porté l'histoire du cinéma au seuil de l'expérience ultime, celle-là même qu'on nous promet depuis les débuts du cinématographe, soit incarner la vie. » Finalement, le *Dernier tango* est un drame universellement connu, dans lequel Brando brille à son corps défendant, si on peut dire, et dont certaines scènes scandaleuses nous procurent l'illusion, non moins ultime, de voir un *sex symbol* en train de s'exécuter vraiment.

Un mois après le début du tournage, l'avocat de Brando, Norman Garey, l'appelle pour lui dire qu'Anna Kashfi s'est éclipsée au Mexique avec son fils et qu'on n'a aucune nouvelle du jeune homme. Immédiatement,

Brando interprète cela comme un kidnapping. Il rentre aux États-Unis, puis engage un détective, de même qu'un agent d'Interpol, pour retrouver son fils.

Ils le retrouvent en effet dans un campement hippie, de la région de Baja California, caché sous une pile de vêtements et apparemment traumatisé. L'un des hippies reconnaît ensuite qu'Anna Kashfi leur a promis 30 000 dollars pour cacher son fils. C'est un autre des moyens pathétiques qu'elle a trouvés pour s'arroger la garde du garçon.

Car depuis un moment déjà, Anna Kashfi est une femme complètement perdue et pitoyable. Colérique aussi, paranoïaque, sans beauté désormais, elle souffre de temps à autre de crises d'épilepsie et de sautes d'humeur spectaculaires, causées par une consommation d'alcool immodérée et par les médicaments qu'elle s'administre sans discernement. Elle a transformé l'enfance de Christian en un véritable cauchemar et Brando se bat constamment pour avoir la garde exclusive de son fils, avouant même à des amis qu'il craint que Christian ne soit « ravagé par l'instabilité de sa mère ». (Aujourd'hui, à peu près sans ressources, Anna vit chez un ami à San Diego.)

Brando se présente donc à la cour de Santa Monica avec son fils retrouvé, mais il n'accuse pas son ex-femme de l'avoir enlevé. Bien que le juge ne confie pas la garde de l'enfant à sa seule autorité, il accorde à Marlon le droit d'emmener Christian à Paris et de s'en occuper durant un an.

Entre-temps, *Le parrain* prend l'affiche à New York. Il est prévu que Brando assistera à la première. Robert Evans le presse de s'y rendre, car il s'agit, selon lui, du film le plus important de l'année. Mais Brando décline l'invitation. Il ne veut pas exposer Christian, une fois de plus, à l'attention des reporters. Il faut dire que depuis des jours, la presse *people* rend compte du «kidnapping» et en fait ses choux gras.

Le parrain remporte un succès phénoménal dans tout le pays et la critique reconnaît, une fois encore, que Brando est le plus grand acteur de sa génération. La revue *Newsweek* s'enthousiasme : «Le roi est remonté sur son trône. » Dans les magazines *Time* et *Life*, de longs articles commentent ou analysent le formidable retour de Marlon Brando.

Dans le *New York Times*, Vincent Canby décrit cette réussite et la résume de belle manière : « *Le parrain* est l'une des chroniques les plus brutales et les plus émouvantes jamais faites sur la vie américaine, dans le cadre d'un spectacle populaire. [...] Sa performance [celle de Brando] est juste et pleine de panache et, à certains moments, immensément émouvante. Ce n'est pas seulement parce que ces émotions sont naturelles et fondamentales, mais aussi parce que nous voyons à l'œuvre un excellent acteur qui exerce son art pour ce qui semble être la simple joie de l'art, et cette joie est là. »

Richard Schickel, pour sa part, souligne encore ceci :
« On ne peut réduire la réussite de son interprétation à une
simple connaissance de la technique dramatique. Son jeu
procède à l'évidence de l'observation et de l'imagination.
Au sommet de son art, [Brando] est devenu un nouveau
Paul Muni, dissimulé derrière le maquillage et les intonations qu'il adopte. »

Pendant que la presse jubile, Brando retourne à Paris
avec Christian, où Tarita vient le rejoindre depuis Tahiti. La
présence de Tarita a toujours été réconfortante pour
Marlon. Elle s'installe donc dans son appartement de
l'Étoile et y demeurera jusqu'à la fin du tournage. Le formidable succès du *Parrain* galvanise notre homme ; il se
met à improviser dans le *Dernier tango* avec plus d'intensité encore, en s'investissant complètement dans le rôle. « Il
était parfois difficile de le dissocier de son personnage »,
rapporte Fernand Moskowitz, l'assistant réalisateur, au
biographe Peter Manso.

Ceci est particulièrement vrai dans l'une des séquences
clés, lorsque Paul évoque son passé. D'après Manso, la
veille du tournage de cette scène, Brando aurait dit à Bertolucci qu'il n'était pas certain de pouvoir descendre aussi
loin en lui-même, que cette tentative pouvait se révéler
trop douloureuse.

Sur ce, Bertolucci lui conseille : « Rappelle-toi le cauchemar que tu as fait à propos de tes enfants. » Il s'agit d'un

rêve que Brando lui a relaté quelques jours plus tôt. Marlon le fusille du regard, comme s'il voulait l'assassiner, mais consent à tourner la scène en question. Comme Kazan l'a fait à l'époque du *Tramway* et de *Sur les quais*, Bertolucci l'invite à «tirer ça de lui».

Phil Rhodes raconte l'épisode: «Bertolucci le poussait, mais dès que Brando avait démarré, les portes s'ouvraient. Quand vous avez été blessé durant un certain temps et que vous savez ce que vous faites, il est facile d'improviser.» Avant le *Dernier tango*, Rhodes a vu Marlon puiser dans sa rage contre son père une seule autre fois, lorsque George Englund l'avait prié de créer son personnage d'ambassadeur du *Vilain Américain*, en se basant sur les caractéristiques de Marlon père. Et Brando s'en était inspiré, non sans se reprocher, dans la suite, d'être allé jusque-là. Il en va de même ici. «Il s'est souvenu combien il détestait son père et, bien qu'il se soit senti envahi par le processus, il a poursuivi dans cette direction», précise Rhodes.

C'est alors qu'on le voit allongé sur un matelas, jouant de l'harmonica. Jeanne lui demande: «Qu'est-ce que tu fais?»

Il commence à égrener ses souvenirs. Il répond qu'il a été boxeur, acteur, joueur de congas, révolutionnaire, qu'il a habité Tahiti, toutes choses qu'il a vraiment vécues, ou qu'il aurait aimé réaliser. Puis il parle de son enfance: «Mon père était un ivrogne, un baiseur de putes, qui aimait se battre dans les bars, super-masculin, et un dur. Ma mère était d'un tempérament très, très poétique, et une ivrogne, elle aussi. Tous mes souvenirs de jeunesse concernant ma mère se résument au jour où elle a été arrêtée, toute nue. Nous vivions dans une petite ville, une communauté de fermiers. Quand je rentrais de l'école, elle n'était pas là, parce qu'elle était en prison, ou quelque chose comme ça. [...] Il fallait que je traie la vache chaque matin et chaque soir, et j'aimais le faire. Mais je me souviens d'un jour, je m'étais habillé pour emmener cette fille voir un match de basket. J'allais sortir et mon père m'a dit : "Tu dois aller traire la vache." Alors je lui ai demandé s'il ne pouvait pas le faire à ma place, et il a répondu : "Pas question. Grouille-toi." Je suis sorti et j'étais très pressé, je n'avais pas le temps de changer de souliers et je me suis couvert les chaussures de bouse de vache... Ça empestait dans la voiture... Je n'ai pas beaucoup de bons souvenirs. »

La dernière scène dans l'appartement désert est celle dont nous parlions plus haut, au cours de laquelle Paul savonne le corps de la jeune fille. Celle-ci prétend qu'elle est tombée amoureuse d'un homme et que celui-ci s'appelle Paul. Il ne trouve, pour lui répondre, que de la sodomiser en s'aidant avec du beurre. Dans une autre séquence, on le voit assis, au chevet de sa femme morte, entouré de fleurs, et il sanglote. Jamais, dit Paul, je ne saurai qu'elle était ta vraie nature, ce que tu étais au fond de toi-même.

Sur le plan dramatique, ce sont là des numéros de virtuose ni plus ni moins, dans lesquels seul un comédien de
cette stature pouvait se lancer. Foster Hirsch en répond :
« C'est comme si nous assistions à une performance tirée
droit de la Méthode [de l'Actors Studio], une démonstration en bonne et due forme de ce qu'un comédien doit
faire, à partir de ses souvenirs, de sa colère et de ses propres
angoisses, pour composer un personnage. Brando, ajoute-
t-il, ne transpose pas ses sentiments en une fiction. Il révèle
vraiment le côté sombre de lui-même, de sorte que le film,
au bout du compte et en un sens, nous montre ce qu'il en
est d'être Marlon Brando. » C'est à la fois une plénitude et
un sommet de l'art dramatique. Qui d'autre, en effet,
aurait couru derrière Jeanne de façon aussi poignante dans
la vieille salle de danse, qui aurait pu plaisanter comme il
le fait et supplier la jeune fille en ces mots : « C'est vrai, je
ne suis pas une aubaine. J'ai la prostate grosse comme une
patate, mais je suis encore capable de baiser pas trop mal.
Je n'ai plus d'amis et, si je ne t'avais pas rencontrée, il me
faudrait probablement rester assis dans un vieux fauteuil et
soigner mes hémorroïdes. » Qui d'autre que Brando aurait
pensé, à la fin du film, après que Jeanne a tiré sur lui, à faire
ce geste insolite de retirer le chewing-gum de sa bouche,
puis de le coller sous la balustrade du balcon, avant de
prendre une position fœtale ?

Lors de la fête organisée pour marquer la fin du tournage, en avril, Brando avoue à Bertolucci qu'il ne fera plus jamais un film semblable. Il ajoute que, la plupart du temps, il n'aime pas jouer et que cette fois-ci il s'est senti violé dans son intimité, à chaque instant et tous les jours. C'était comme si on lui arrachait ses enfants. Après avoir informé Robert French, son agent, qu'il n'aura désormais plus recours à ses services, il prend l'avion pour la Polynésie avec Christian et Tarita.

À l'automne de 1972, le *Dernier tango* est présenté une première fois au New York Film Festival. Le public présent est en état de choc. Pauline Kael, extatique, écrit ensuite dans le *New Yorker*, que le *Dernier tango* est «le film érotique le plus puissant jamais tourné et peut-être le plus libérateur». Elle prévoit qu'on en parlera pendant des années. Elle ajoute que Brando a davantage creusé son rôle, s'est plus fondu en lui, que tout autre acteur n'en aurait été capable, comme s'il était «en ligne directe avec le mystère du personnage».

C'est alors que la censure italienne se met de la partie et, par son action, va faire en sorte que le film acquière une réputation quasi mythologique. Des magistrats de Bologne, en effet, attaquent Bertolucci, Brando, Maria Schneider et la United Artists pour obscénité et indécence. Il s'agit, à leurs yeux, d'une exploitation gratuite de la sexualité, se fondant sur les plus bas instincts de la libido. Pas un seul attaché de presse de la United Artists n'aurait pu écrire un texte promotionnel aussi convaincant.

Brando, lui, reste discret. Il refuse de défendre le film et demeure sur son atoll. Bertolucci se présente devant ses juges et son avocat plaide de la manière suivante : « Marlon Brando, dit-il, personnifie ici la chute de l'homme. Voilà l'objet du film. [...] La bête qui s'éveille en Brando existe peut-être au fond de nous tous, mais nous sommes lâches et tentons de la réprimer. » Les trois juges se rendent aux arguments de la défense et acquittent tout le monde.

Au début de 1973, le *Dernier tango* prend l'affiche en Italie et dans plusieurs autres pays. La notoriété qui le pré-cède contribue bien sûr à son succès. À New York, en février, les places vendues à l'avance représentent une somme de plus de 100 000 dollars. L'article de Pauline Kael (que Brando trouve exagéré) et d'autres parus dans le *Time* et *Newsweek* braquent certains journalistes contre le film. Ils le qualifient de « débauche chic, tout juste bonne à vous donner envie de vomir ». Un critique plaisante en écrivant que depuis le *Dernier tango* le beurre a acquis mauvaise réputation. Finalement, ce sera le film le plus rentable jamais diffusé par la United Artists et il enrichira Brando une fois de plus.

Il faut tout de même rappeler que ce film est sorti pen-dant ce qu'on a nommé la révolution sexuelle. Le fémi-nisme était alors en plein essor, tout comme le mouvement en faveur des homosexuels et de leurs droits. Des clubs échangistes ouvraient leurs portes. Le *Dernier tango* profitait en outre d'une vague lancée par d'autres films controversés, comme *Midnight Cowboy* et *Clockwork Orange*. Il prônait l'idée, de plus en plus répandue, que la sexualité pouvait être dépersonnalisée ou, du moins, qu'elle n'était plus sacrée ni redoutable. Plusieurs féministes s'insurgèrent contre cette idée et trouvaient que le film donnait une image dégradée de la femme. Mais d'autres critiques, Molly Haskell notamment, prirent sa défense : « En livrant son corps de cette manière, sans filet, Maria Schneider a plus de chance de libérer un jour son esprit. Le périple qu'elle entreprend au fond d'elle-même, sous la gouverne de Brando, est certes terrifiant. Mais si elle parvient à survivre, il est fort probable qu'elle sera en mesure de prendre sa vie en main, bien mieux qu'elle n'aurait pu le faire avant cette rencontre. »

Brando refuse la plupart des interviews qu'on lui propose. Il ne participe pas vraiment à la campagne publicitaire et demeure en Polynésie. À la mi-février, il s'envole pour Los Angeles après avoir appris la mort soudaine de son ami Wally Cox. Mais il demeure à l'écart. D'autres amis honorent la mémoire du disparu au salon ; Brando préfère se recueillir dans la chambre de Cox et entendre les discours de loin. Ce soir-là, il se couche en revêtant le pyjama de Cox.

Dans la suite, Pat Cox et Brando se disputent les cendres du défunt, ils vont jusqu'à s'arracher l'urne des mains. Comme Brando est le plus fort, il s'en empare, la dissimule quelque temps dans sa voiture, puis la déposera dans sa chambre. Il confesse à des proches qu'il lui arrive de parler aux cendres de son vieil ami.

En vérité, la mort de Wally l'irrite autant qu'elle l'attriste. « Il était aussi proche de moi que le sont mes sœurs. » Il est vrai que Cox fut la seule personne en qui Brando avait une parfaite confiance et la seule avec laquelle il se livrait vraiment. Ce qui ne les empêchait pas d'avoir leurs différends. Pendant trois ans, par exemple, Brando ne lui a pas adressé la parole, sous prétexte que Wally ne s'était pas présenté aux obsèques de Dodie. Mais, par la suite, Wally lui pardonna cette conduite.

Peu après la crémation, Pat Cox poursuit Brando en justice, afin de récupérer les cendres de son mari, mais, quelques mois plus tard, elle retire sa plainte. « Marlon avait plus besoin de ces cendres que moi », dit-elle alors. Aujourd'hui, l'urne est enterrée quelque part dans le jardin de Brando, mais Marlon et Pat Cox ne se parlent plus.

Le 23 mars 1973, Brando refuse l'Oscar du meilleur acteur pour son rôle de Corleone dans *Le parrain*. Il ne se présente même pas à la cérémonie au pavillon Dorothy Chandler. À sa place, il dépêche une princesse amérindienne, Sacheen

Littlefeather, pour exposer sa position au public. Il décline l'honneur pour protester contre la manière dont l'industrie cinématographique traite et présente les Indiens depuis des décennies. Les responsables de la soirée autorisent la jeune fille à ne prendre la parole que quelques minutes sur scène, mais, en coulisses, elle a tout le loisir de lire le discours de 15 pages, rédigé par Brando, devant une foule de reporters : « Pendant 200 ans, nous leur avons menti, nous les avons spoliés de leurs terres [...]. Nous en avons fait des mendiants. »

Dans la salle, plusieurs manifestent leur désaccord et sifflent pour marquer leur désapprobation. Clint Eastwood se contente d'ironiser. Il se demande si on ne devrait pas décerner un Oscar à tous les cow-boys tués dans les films de John Ford.

Chez lui, Brando suit le déroulement de la cérémonie, assis devant trois téléviseurs, avec ses fils Christian et Miko allongés à ses pieds. Certes, la réaction des membres de l'Académie le froisse passablement, mais le fait que, grâce à lui, deux milliards de spectateurs soient mis au courant du génocide que les Américains ont perpétré contre les Indiens, lui procure une grande satisfaction. Finalement, il a réussi ce qu'il voulait faire.

Comme le disait une personne présente au pavillon Chandler : « Ce fut le clou de la soirée. Tous les pontes de l'industrie hollywoodienne pensaient qu'en lui offrant un prix, Marlon allait revenir à eux, rentrer dans le rang et se conduire comme un bon garçon. Au lieu de cela, il a scandalisé tout le monde. Jusque-là, la cérémonie avait été fort ennuyeuse. »

CHAPITRE 16

Après avoir refusé l'Oscar, en 1973, Brando ne tourne aucun film pendant trois ans. Il se consacre presque entièrement au Mouvement pour les Indiens d'Amérique, qu'il a d'ailleurs contribué à créer. Il est présent au procès intenté contre les Indiens qui ont manifesté violemment à Wounded Knee et il participe au soulèvement des Indiens Menominees, à Gresham, dans le Wisconsin, où il essuie le feu des policiers et tente de négocier un traité avec la Garde nationale.

Jamais Brando ne s'est engagé à ce point dans quelque mouvement que ce soit, et jamais n'a-t-il connu un tel désenchantement. Certains Indiens, en effet, mettent en doute ses intentions, voient en lui un simple acteur en quête de publicité. On raconte que des membres de la tribu des Menominees, reproduisant une scène du *Parrain*, auraient placé une tête de cheval ensanglantée dans son sac de couchage. D'autres prétendent qu'en voyant cela, Marlon se serait effondré en sanglots.

Malgré tout, Brando paie à plusieurs reprises la caution de certains dirigeants du Mouvement traînés en justice. Il aide même quelques-uns d'entre eux, recherchés par la police, à se cacher chez lui, à Beverly Hills, Russell Means notamment. Pendant quelques semaines, Brando et Means — un Sioux d'un mètre quatre-vingt-cinq — rédigent ensemble plusieurs scénarios de films traitant du génocide des Indiens. Les réalisateurs Gillo Portecorvo et Martin Scorsese assistent à certaines de ces séances de travail, mais le projet tourne court.

En 1975, Brando accepte de jouer dans un nouveau western, écrit par Tom McGuane, *Missouri Breaks*. Pour cela, il touche la somme rondelette de 1 250 000 dollars, plus un pourcentage sur les recettes. Le contrat stipule en outre que le tournage ne durera pas plus de cinq semaines. Durant les 25 prochaines années, Brando va procéder de la même manière : gagner le plus d'argent possible, dans le plus court laps de temps, en fournissant le moins d'effort, afin de pouvoir ensuite financer le mouvement des Indiens et ses nombreux projets pour Tetiaroa.

Le scénario de *Missouri Breaks*, toujours inachevé, cause de grands problèmes. Au départ, Brando doit interpréter le rôle d'un chasseur de primes devenu fou, à la recherche de voleurs de chevaux, qu'il dupe et descend l'un après l'autre. À la lecture du script, Marlon déclare au réalisateur, Arthur Penn : « Ce personnage ne possède aucun profil psychologique, je peux donc faire ce que je veux — ramper comme une anguille dans de la vaseline, par exemple. Je peux me mettre ici, et là, et partout à la fois. » En conséquence, dans la première scène du film où il apparaît, on le voit pendu à son harnais, la tête en bas, vêtu d'un costume blanc en peau de daim et s'exprimant avec un accent irlandais du terroir.

Le tournage a lieu dans le Montana, sur des plaines exposées à un soleil excessif. Brando passe le plus clair de ses temps libres dans sa caravane, où il bavarde au téléphone avec ses amis Indiens. Parfois, le travail est interrompu par des orages spectaculaires et il prend plaisir à regarder les averses tomber, en songeant aux avantages qu'il pourrait tirer de l'énergie éolienne à Tetiaroa.

Dans *Missouri Breaks*, Brando partage la vedette avec Jack Nicholson et les deux hommes improvisent sans cesse. Penn ne s'y objecte pas, bien au contraire : il est fasciné par l'aura de ces comédiens. On s'en rend bien compte dans la scène farfelue, au cours de laquelle Brando se lave dans une baignoire sabot, en faisant des bulles de savon. Les deux brigands plaisantent un moment sur un ton désinvolte puis, tout soudain, Brando se dresse comme un nu de Rubens et met l'autre au défi de lui tirer dans le dos.

Au fil des jours, il compose un personnage de plus en plus excentrique et de moins en moins vraisemblable. À un certain moment, il va patauger dans un ruisseau et, devant l'équipe consternée, attrape un poisson entre ses dents, le coupe en deux et en avale une moitié. Si certaines de ces pitreries paraissent grotesques, d'autres initiatives, en revanche, se révéleront efficaces. À la fin du film, Brando s'exprime avec un accent du Sud et porte un accoutrement de grand-mère et un insolite bonnet.

À sa sortie, *Missouri Breaks* cause une vive déception au grand public, car après les deux films précédents, on attendait de Brando qu'il donne une performance de tout premier ordre. Dans le *New York Times*, Vincent Candy la juge « indisciplinée ». Mais Richard Schickel lui trouve d'autres mérites : « Son audace dingue, ses numéros de bravoure éclipsent littéralement les autres personnages. […] C'est comme si Brando (qui nous a souvent manifesté son mépris pour le cinéma en se livrant très peu) avait décidé cette fois d'en faire trop, de se caricaturer lui-même. C'est moins une interprétation ici, qu'un bras d'honneur, brandi jovialement par un acteur qui a survécu à tout, y compris à ses propres réflexes autodestructeurs. »

Le film suivant, tourné aux Philippines en 1976, sera *Apocalypse Now*, la longue saga de Francis Ford Coppola contre la guerre du Viêt-nam, inspirée du roman de Joseph Conrad, *Au cœur des ténèbres*. Brando incarne cette fois le colonel Kurtz, un chef devenu fou, qui a fondé un petit royaume quasi indépendant au fond de la jungle et que la CIA cherche à éliminer.

Brando est fort soucieux du poids qu'il a pris depuis quelques années — il pèse près de 150 kilos ; il tente donc de le dissimuler en se rasant le crâne d'abord, et il prévoit ne porter que des vêtements noirs. Mais Coppola pense que ce serait une bonne idée que de tirer parti de cet embonpoint. Il songe à faire de Kurtz un être boulimique, très imbu de lui-même. Finalement, les deux hommes en viennent à un compromis. Un membre de l'équipe technique témoigne : « Ils ont tourné de manière que Brando paraisse beaucoup plus grand, plus de deux mètres. Autrement dit, ils ont fait de Kurtz un personnage aux proportions mythiques. »

Coppola et Brando passent des nuits à discuter du script, dont ils ignorent toujours la fin. Pour régler le problème, Brando improvise un monologue poignant de 45 minutes, qui doit prendre place juste avant l'assassinat de Kurtz. « J'ai ri, j'ai hurlé, je suis devenu hystérique, racontera-t-il plus tard. Jamais je n'ai failli me perdre à ce point dans un rôle. Mais Francis n'a retenu que deux minutes de cette impro. »

Apocalypse Now prend l'affiche trois ans plus tard, en 1979, et remporte la Palme d'or à Cannes, ex æquo avec *Le tambour*. Mais la plupart des critiques trouvent la compo-

sition de Brando «prétentieuse». David Canby écrit même :
«Cet homme est si énorme, si imposant, qu'il en devient
absurde et pratiquement inutilisable par un metteur en
scène.» Brando n'a cure de ces critiques-là. Il vient de
gagner plus de trois millions de dollars et il en touchera
plus encore, car on lui versera 11,3 % des bénéfices.

Au cours des années 1970, on le verra dans trois autres
films : *Superman*, *Roots* (une série télévisée dans laquelle il
interprète George Lincoln Rockwell, rôle qui lui vaudra un
prix) et dans *La formule*, où il incarne un magnat du
pétrole aux côtés de John Gielgud. Il s'agit là de simples
«apparitions» et non pas de rôles à proprement parler.
Dans *La formule*, son personnage porte une prothèse audi-
tive et on en profite pour lui transmettre ses répliques par
cette voie, au lieu de semer des aide-mémoire sur le plateau. Gary Carey, l'un des biographes de Brando, calcule
que dans ces quatre derniers films — depuis *Apocalypse
Now* jusqu'à *La formule* — Marlon joue moins d'une heure
en tout et rafle, pour cela, plus de dix millions de dollars.

En 1982, Norman Garey, le fidèle agent et l'avocat de
Brando, celui-là même qui a mis au point ces contrats
lucratifs, se tire une balle dans la tête, sans que personne
puisse expliquer son geste. Garey avait été le conseiller
juridique de Marlon, son agent commercial et son confi-
dent. Comme on s'en doute, la nouvelle terrasse notre
homme.

Deux semaines avant cela, Jill Banner, une comédienne à la voix rauque du Midwest, que Brando a fréquentée épisodiquement plusieurs années et qu'il désigne du nom de Weonna dans son autobiographie, se tue dans un accident de voiture assez mystérieux. Marlon se rend au cimetière pour assister à ses obsèques, mais il est tellement bouleversé, qu'il grimpe à un arbre et suit la cérémonie depuis ce perchoir. Des années plus tôt, juste après que *Le parrain* et le *Dernier tango* eurent obtenu le succès que l'on sait, Jill et Marlon avaient visité la ferme des Brando en Illinois, histoire de renouer avec leurs racines. Malgré leur attirance réciproque, les deux amants se disputaient sans cesse. Marlon évoque cette comédienne dans son livre : « La plupart des femmes qui ont traversé ma vie étaient de couleur [...] : latino-américaines, caraïbes, indiennes, pakistanaises, chinoises, japonaises. Weonna constituait une exception. Elle avait la blancheur d'une pomme de terre d'Irlande mais, à la différence des autres, beaucoup de choses nous rapprochaient. Nous venions de la même région, de la même culture. [...] Nous aimions les mêmes blagues et nous avions la même façon de nous bagarrer. » Aujourd'hui encore, Brando va régulièrement se recueillir sur la tombe de cette femme.

La même année, au cours de l'automne, toujours obèse et démoralisé, Brando entreprend une nouvelle thérapie, sous l'égide cette fois du docteur G. L. Harrington, un ancien pilote, très costaud, originaire du Missouri, «un homme merveilleux, précise Marlon, d'une grande finesse psychologique». Ses bureaux, installés dans les Pacific Palisades, surplombent la mer et représentent, pour nombre d'artistes, un véritable havre de paix.

> Sur certains aspects, il me rappelait mon père. C'était le genre de type que j'aurais pensé ne jamais apprécier. [Je lui ai dit]: «J'aimerais que nous en venions à certaines choses qui me sont arrivées dans le passé.»
> — Oh, nous y viendrons en temps voulu, me dit-il, mais nous n'abordâmes jamais le sujet. Il arrivait toujours à m'en dissuader, à force d'arguments ou de rires. [...] Nos discussions s'étendaient à toutes sortes de sujets: l'électricité, les avions, la génétique, l'évolution, la politique, la botanique, que sais-je encore? Je le voyais une fois par semaine et j'attendais avec impatience cette séance hebdomadaire. [...]
> Une autre fois, j'expliquai à Harrington: «Je crois qu'il y a une grande rage en moi à cause de mon père.» [...]
> — Mais en ce moment, vous n'êtes pas en colère?
> — Eh bien non, pas en cet instant précis.
> — D'accord, conclut-il et, sans que je sache pourquoi, ce simple échange de propos contribua à désamorcer ma fureur.

Brando soutient qu'il a davantage appris sur lui-même grâce à cet homme, qu'avec tout autre avant lui. Cela, au point de lui confier son fils, Christian, et de le recommander à sa sœur, Jocelyn. Harrington meurt en 1988 et Brando lui dédie son autobiographie, parue en 1994.

Durant la décennie 1980, Marlon se fait encore plus discret. Il se cloître dans sa maison quasi fortifiée, protégée par de multiples systèmes d'alarme plus sophistiqués les uns que les autres. Puis, en 1989, dans *A Dry White Season* (*Une saison blanche et sèche*), il joue le rôle d'un avocat cynique, opposé à l'apartheid en Afrique du Sud. Il est toujours aussi gras, mais son jeu, très juste et précis, lui permet de figurer en nomination aux Oscars. L'année suivante, il apparaît dans *The Freshman* (*Premiers pas dans la Mafia*), une sorte de fable, ou de conte, dans lequel il parodie son personnage du Parrain.

Quand il ne tourne pas, Brando tente de mener à bien les nombreux projets qu'il a dressés pour son atoll, élever des tortues, par exemple, ou faire bâtir des moulins à vent. Mais des ouragans détruisent systématiquement tout ce qu'il construit, y compris son hôtel, ce qui représente des pertes estimées à cinq millions de dollars. De retour en Californie, il s'enferme à Mulholland Drive comme un reclus. Certains prétendent qu'il lui arrive de passer cinq semaines sans sortir de sa chambre, absorbé par ses lectures et vautré sur son grand lit, sous lequel il garde en tout temps un revolver chargé et un fusil de calibre .12. Il s'amuse aussi à reproduire les parties de Fisher et de Spassky sur son échiquier électronique. Parfois, lorsque l'envie lui vient de sortir, il prend soin de se déguiser pour n'être reconnu de personne. Un jour, il dissimule son visage sous une bande de gaze, à la manière de l'Homme invisible. Il confiera plus tard à un proche que, sa vie durant, il a cherché à devenir plus raisonnable, sans succès.

Il voudrait s'occuper davantage de ses enfants, mais sans cesse de nouvelles activités le détournent de ce projet louable, comme la rédaction de scénarios, ou des propositions visant à lui faire incarner Picasso, Marx ou Al Capone au grand écran. Cela dit, lorsqu'il se retrouve en famille, il se conduit «tel un patriarche», souligne son ancien beau-frère, Dick Loving. Pour lors, il possède neuf fils et filles, que lui ont donnés ses nombreuses épouses et maîtresses, dont certaines restent à son emploi, comme secrétaire, ou assistante. Ses enfants — naturels, légitimes et adoptés — ont tous été affectés d'une manière ou d'une autre par sa notoriété, ses excentricités ou son égocentrisme.

Plus que tout, Brando redoute que l'un d'eux opte pour le métier de comédien. Sans cesse, il tonne contre le show-business et ce qui l'entoure. Il se réjouit d'apprendre un jour qu'un de ses fils, Teihotu, manifeste le désir de se faire masseur. Et il n'est pas peu fier quand Petra Brando lui annonce qu'elle souhaite devenir juriste. Aussi l'inscrit-il sans tarder dans une faculté de droit. Rebecca, la fille de Movita, fréquente pour sa part l'université de l'Arizona.

Au début de sa carrière, Brando avait fait croire à la presse et à certains collègues qu'il possédait un diplôme universitaire. De toute évidence, il éprouve quelque honte de n'en avoir aucun et, devant ses enfants, il souligne l'importance de s'instruire. «Apprenez à écrire, leur dit-il, afin de pouvoir vous exprimer. Étudiez la logique, les planètes, l'astronomie.» Lui-même s'intéresse à une foule de domaines, le bouddhisme, l'écologie, l'Égypte ancienne, ou la psychologie des grands singes, et il tente de les approfondir.

Mais, en dépit de ses efforts, il ne saurait convaincre Miko de l'utilité d'ouvrir un livre. C'est que son fils est fasciné par le tape-à-l'œil hollywoodien. Au fil des années, Miko se lie d'amitié avec le chanteur Quincy Jones et, par la suite, Michael Jackson l'engage comme garde du corps. D'ailleurs, durant le tournage d'une publicité pour Pepsi, Miko lui sauve un jour la vie, après que des flammes eurent embrasé les cheveux du chanteur. Plus tard, Jackson demandera à Brando de lui donner des cours d'art dramatique.

De tous ses enfants, Christian, l'aîné, est peut-être celui que Marlon aime le plus. C'est aussi le plus difficile à tenir, en raison d'un grave problème de drogue. Christian a hérité à la fois du beau teint bistre de sa mère et de l'humeur changeante de Brando. Au fond, il est écrasé par son père et il le craint. Avant tout, il voudrait ne pas le décevoir, mais il ne terminera jamais ses études secondaires. À 63 ans, Brando s'inscrit avec Christian (alors âgé de 28 ans), à un cours de rattrapage qui lui permettrait d'obtenir enfin son diplôme, mais ni l'un ni l'autre n'ira jusqu'au bout.

Adulte, Christian sera arboriculteur, puis soudeur. Surtout, il tient à se montrer endurci comme son père. Il s'amourache même d'une des maîtresses de Brando. Ce dernier y fait allusion dans son autobiographie, en s'empressant d'ajouter qu'il a « pardonné » à son fils. Brando avait retiré l'affection qu'il portait à cette femme jusque-là, comme il l'a retirée si souvent à Christian, et les deux « éconduits » n'ont rien trouvé de mieux que de se consoler dans les bras l'un de l'autre. Par la suite, cette femme est revenue à Marlon, tout en conservant son amitié pour le jeune homme.

Christian ne se mêle pas beaucoup à ses frères et sœurs. Il y a des exceptions cependant. Avec le temps, en effet, il se rapproche de sa demi-sœur Cheyenne, une jeune fille splendide, mannequin, qui vit surtout à Tetiaroa. Christian s'entend également avec son demi-frère Bobby, un fanatique de kung-fu, dont la mère est Chinoise. Lors d'une comparution au palais de justice, Anna Kashfi souleva un jour le problème que pose à Christian le fait de se retrouver en présence d'un si grand nombre de personnes lorsqu'il réside chez son père. On rapporte que Brando aurait alors répondu que « quelle que soit leur mère, je veille à ce que mes enfants jouent ensemble comme frères et sœurs ». Mais, à ce propos, Christian fera une autre remarque : « Ma famille est si étrange, ils planent complètement. Elle n'arrête pas de s'agrandir. Quand je suis à table, il y a toujours un nouveau venu, et j'ai envie de lui demander : "Mais qui es-tu ?" »

Par intermittence, Brando continue à gâter sa progéniture, à l'ignorer ou à l'étouffer. D'après Phil Rhodes, cela s'explique par le fait qu'en vieillissant, « Marlon ressemble de plus en plus à son propre père, en ce sens qu'il manipule et domine tout le monde ».

Pourtant, il ne parvient pas à empêcher le drame du 16 mai 1990, lorsque Christian, âgé de 32 ans, tue l'amant de Cheyenne, Dag Drollet, le fils d'une bonne famille de Tahiti, à Mulholland Drive.

Plus tard, Christian dira à la police qu'il n'avait pas l'intention de tuer Drollet, mais seulement de l'intimider. Il pensait que le jeune homme brutalisait sa « petite sœur ». Il prétend avoir pointé un revolver et s'être battu avec Drollet, puis le coup est parti et « j'ai vu la vie se retirer de lui ».

Personne d'autre n'est présent dans la pièce au moment du drame. Brando y fait irruption quelques instants plus tard, suivi de Tarita. Il prend l'arme des mains de son fils, puis appelle la police. Quelques heures après, il téléphone à l'avocat William Kunstler, qu'il a connu à l'époque des manifestations en faveur des droits civiques. Kunstler et Robert Shapiro, qui défendra O. J. Simpson des années plus tard, deviennent donc les avocats de Christian.

Ce dernier est accusé de meurtre au premier degré et le juge fixe la caution à dix millions de dollars. Brando met sa maison en nantissement et, durant les mois qui suivent, il signe un contrat de quatre millions de dollars avec les éditions Random House pour écrire son autobiographie.

Le 26 juin 1990, Cheyenne donne naissance au fils de Dag Drollet, qu'elle prénomme Tuki. Les médecins constatent que le bébé est déjà dépendant des drogues. Depuis ce jour, Cheyenne ira d'un hôpital psychiatrique à l'autre, et tentera de se suicider à plusieurs reprises.

Lors du procès de Christian, qui est certainement l'un des événements médiatiques les plus suivis depuis la fondation de Los Angeles, Brando reconnaît sa responsabilité dans une certaine mesure : « J'ai peut-être échoué en tant que père. On a toujours tendance à blâmer l'autre parent, mais je suis sûr qu'il y a des choses que j'aurais faites différemment, si j'avais su, à l'époque. Cela n'a pas été le cas. »

Le 1er mars 1991, Christian Brando est condamné à dix ans de pénitencier pour le meurtre de Dag Drollet. Le juge impose une peine de six ans pour homicide volontaire, plus quatre ans pour usage d'une arme à feu, mais tenant compte du temps déjà passé derrière les barreaux et de la bonne conduite du détenu, Christian sera mis en liberté conditionnelle après quatre ans et demi. Aujourd'hui, il est libre et vit dans le nord-ouest du pays.

En 1995, Cheyenne Brando, qui se vantait d'être « la plus belle fille de Polynésie, la plus intelligente et aussi la plus riche », se pend dans le domaine de son père à Punaauia, près de Tahiti. Après que la cour lui eut refusé la garde de son fils, la jeune fille avait sombré dans une profonde dépression. C'est sa mère, Tarita, qui s'occupe de l'enfant et l'élève aujourd'hui encore. Au moment de sa mort, Cheyenne avait pris tellement de poids qu'elle ressemblait quelque peu à son père obèse.

À la même époque, Brando revient au cinéma et joue dans un nouveau film, intitulé *Don Juan de Marco*, où il interprète un psychiatre bienveillant, qui soigne un jeune homme détraqué (Johnny Depp), persuadé d'être une réincarnation de Don Juan. Comme l'écrit Janet Maslin dans le *Time*, « ce film rassemble tous les ingrédients qu'il faut pour le faire basculer en troisième catégorie, mais il se rachète par la présence étrange de Brando et celle de Depp, un jeune acteur brillant, plein d'intuition, qui s'inscrit dans la lignée des comédiens inspirés par le jeu de Brando justement ». Dans la dernière scène du film, sur une belle île tropicale, on voit Brando danser — assez gracieusement du reste — avec son épouse, interprétée ici par Faye Dunaway. Il semble que ce soit un clin d'œil à la vie même de Brando, car l'île en question rappelle joliment Tahiti.

Peu après, en 1996, Brando se lance dans un remake de *L'île du docteur Moreau*, inspiré du fameux roman de H. G. Wells, où il incarne un savant fou qui a donné vie à des créatures mi-hommes, mi-bêtes, qu'il appelle ses enfants. Il les tient sous sa gouverne grâce à un système électro-génétique qui, une fois actionné, procure des sensations douloureuses. Ce film, réalisé par John Frankenheimer, et dans lequel Val Kilmer partage la vedette, se distingue uniquement par l'interprétation hardie et combien perverse de Brando. Ici, notre acteur semble laissé à lui-même et s'en donne à cœur joie. Son visage, par exemple, est couvert de fond de teint blanc, à la façon des danseuses japonaises, et il porte du rouge à lèvres. Outre cela, son accoutrement est bien plus insolite que la robe de grand-mère et le bonnet grotesque revêtus dans *Missouri Breaks*.

D'abord, on le voit traverser la jungle comme un prince sur un fauteuil, posé lui-même sur une grande jeep. Il s'exprime dans un anglais britannique des plus maniérés, en surveillant les créatures poilues qui folâtrent autour de lui. Un plaisantin a dit que Brando donnait ici une excellente imitation de la reine Elizabeth.

Le point culminant du film est cette scène où il joue une polonaise de Chopin, au piano et à quatre mains, avec un mutant aux yeux cernés, au nez immense, qui ressemble à n'en point douter au réalisateur Elia Kazan. Pour dire vrai, le film est d'une incohérence inouïe, mais Brando y éclipse tout le monde. Dans le *Boston Globe*, Jay Carr écrit à ce propos: «C'est comme si dans cette nouvelle ère de génie génétique, Brando déboulonnait le mythe de l'acteur censé représenter les dieux.»

Depuis longtemps, la célébrité de Marlon ne procède plus des qualités artistiques qui ont fait sa gloire au début. Peu de gens se souviennent aujourd'hui de l'importance considérable qu'il représentait pour nous, dans le contexte si différent des années 1950. L'essayiste Molly Haskell est peut-être celle qui explique le mieux la situation, comme elle l'a fait dans ses remarquables analyses sur Brando : « Pourquoi sa légende est-elle si vive encore ? Comment se fait-il, qu'après tant de films douteux, il nous fascine toujours ? La réponse tient en un mot. Brando. Comme Garbo. Il est une force de la nature, et davantage un élément qu'un être humain. [...] Il n'existe qu'un seul Brando. Et même quand il interprète son rôle de prédilection, celui de l'homme grave, engagé dans tel ou tel mouvement social, et hostile à son image de star, il demeure l'un des cinq ou six grands acteurs que le cinéma nous a donnés. »

Voire. La meilleure façon d'illustrer l'impact de Brando sur le public est peut-être encore de rapporter une petite anecdote. Au cours des années 1970, quand je débutais dans le journalisme, je dus écrire un article sur le Théâtre des sourds pour le *Saturday Review*. J'ai donc passé des heures à m'entretenir avec plusieurs acteurs de la troupe. Un interprète traduisait nos conversations en langage des signes, bien sûr. À la fin, je leur ai posé une question : Quel est votre comédien préféré ? Et tous m'ont répondu, excités : Marlon Brando. Pourquoi cela ? leur ai-je demandé.

L'interprète a recueilli leur réponse, puis m'a dit: «Vous savez, même si on ne peut pas l'entendre, à tout coup, on sait exactement ce qu'il dit.»

ÉPILOGUE

Quand j'étais comédienne durant les années 1960, j'ai vu pour la première fois Brando en chair et en os, lors d'une soirée bénéfice pour l'Actors Studio, au Waldorf-Astoria Ballroom. J'étais assise à une table dans le hall, avec quelques autres élèves, et je remettais des billets aux invités qui se présentaient.

Brando — le légendaire Marlon Brando — devait venir, nous avait-on dit. Il avait été l'un des tout premiers membres de l'Actors Studio et, bien qu'il n'ait pas suivi un cours depuis plus d'une décennie, son nom hantait toujours les lieux. Plusieurs de ses anciens confrères lui en voulaient de n'être jamais retourné au théâtre pour se frotter à quelque pièce de Shakespeare ou d'Eugene O'Neill.

Tout à coup, j'ai entendu de l'animation à l'extérieur et plusieurs photographes se sont engouffrés dans le hall de l'immeuble. Ils précédaient l'arrivée d'un couple — ô combien célèbre. Soudain, Brando et Marilyn Monroe étaient là, juste devant moi, Marilyn resplendissante dans une robe de soie décolletée, mettant en valeur la peau laiteuse de sa poitrine, et Brando en smoking mal ajusté, tenant Marilyn par le bras. Son visage était vraiment surprenant, à la fois très noble et quelque peu défait.

Nous n'avons pas échangé un mot. Mon rôle se bornait à leur remettre leurs billets d'entrée, mais je ne les trouvais nulle part, ce qui me paralysait d'angoisse. Puis le responsable de la soirée m'a murmuré à l'oreille : « Brando n'a pas besoin de billet, Patricia, et Marilyn non plus. Contente-toi de les laisser entrer. »

Soudain, comme une sonde, j'ai senti le regard de Brando se poser sur moi. Immédiatement, mes joues sont devenues écarlates. Derrière lui, des photographes le suppliaient de prendre la pose. Marlon et Marilyn se sont pliés au jeu et des reporters ont commencé à les questionner : « Eh, Marlon, est-ce que par hasard, vous et Marilyn... »

Obéissant à un réflexe, je me suis précipitée pour leur ouvrir la porte de la grande salle, afin qu'ils puissent échapper à la horde des journalistes, mais Brando n'a pas bougé. Il me regardait encore et l'intensité de son regard était telle que j'avais l'impression que mon espace vital s'embrasait à grande vitesse. Puis il m'a dit merci. Sa voix était curieusement délicate et d'une douceur surprenante.

Une fraction de seconde, il a posé la main sur mon épaule et j'ai senti la chaleur de ses doigts. Puis, Marilyn et Brando ont disparu dans la salle.

Bien des années se sont écoulées depuis que Brando a touché mon épaule. Voilà que je suis écrivain depuis près de 30 ans et que je rédige un livre sur sa vie et son œuvre. Aussi, j'essaie toujours de comprendre pourquoi un artiste aussi original que lui s'est d'une certaine manière laissé aller après ses formidables interprétations du Parrain et de Paul, l'exilé du *Dernier tango à Paris*. Foster Hirsch a écrit que ces deux films nous permettent de saisir toute l'envergure du talent de Brando. Dans le premier, il donne son meilleur rôle de composition, sous un déguisement, et dans le second, « la plus généreuse révélation de soi qu'un acteur puisse offrir à son public ».

Un jour, Stella Adler a dit la chose suivante : « On a découvert la personnalité de Marlon avant qu'il ne sache lui-même qu'il était comédien dans l'âme, ou qu'il connaisse sa propre identité. Puis, quand il est devenu une mégastar, il n'a plus été capable de régler ses problèmes fondamentaux. » Peut-être son talent était-il un fardeau pour lui, un fardeau qui le « poussait à s'engager dans une voie psychologique des plus sombres et qu'il n'osait pas descendre jusque-là ». Ou peut-être qu'avec un génie comme le sien son travail lui paraissait-il trop simple ? Paul Newman affirme, justement, que Marlon Brando le rend furieux, « parce qu'il sait tout faire avec une telle facilité. Il faut que je me décarcasse pour réaliser ce qu'il exécute les yeux fermés. »

Au cours des 30 dernières années, Brando n'a tourné aucun film mémorable. Ce n'est pas simplement dommage, c'est une véritable perte pour le cinéma et l'art en général, mais je m'empresse d'ajouter que Brando, lui, n'en éprouve aucun dépit. « Une vedette de cinéma n'est rien, disait-il à un reporter du *Time*. Freud, Gandhi, Marx, voilà des gens importants. Jouer dans un film est une activité insignifiante, ennuyeuse et infantile. Tout le monde joue. Quand on veut quelque chose, ou qu'on attend de quelqu'un qu'il fasse quelque chose, on joue sans cesse pour l'obtenir. »

Aujourd'hui, presque octogénaire, Brando vit seul au sommet de Mulholland Drive. On rapporte qu'il a trois nouveaux enfants de son ancienne gouvernante, Cristina Ruiz, mais qu'ils n'habitent pas avec lui. Ils résident quelque part dans la vallée de San Fernando.

Il semble qu'il aurait un nouvel agent, mais certains prétendent que Brando est ruiné, qu'il songe à vendre son domaine en Polynésie française, et qu'il rédigerait un ouvrage sur les mers du Sud.

Brando voit par ailleurs fort peu de gens. Parfois, il fait venir des mets chinois, qu'il partage avec Johnny Depp et, à l'occasion, il va dîner au restaurant avec Larry King. En vérité, l'Internet et le courrier électronique sont quasiment les seuls vecteurs qui le lient au monde extérieur. Il s'entretient avec plusieurs personnes et leur écrit sous le sceau de l'anonymat. De temps à autre, il corrige certaines erreurs qu'il relève sur les sites du Web consacrés à Marlon Brando. Quand il s'amuse avec sa radio à ondes courtes, il adore modifier sa voix et berner les auditeurs. Il peut passer des heures au téléphone, des journées entières, et bavarder avec des amis de longue date. Ceux-là sont les mêmes qu'il cultive depuis 50 ans, Ellen Adler, Jay Kanter et les Rhodes.

Récemment, il a déclaré à un proche : « J'entends bien vivre jusqu'à 100 ans et me faire "cloner" — entièrement — à l'exception de mes névroses. » Ce même ami affirme que Brando est toujours très drôle, mais qu'il a parfois des « accès irrationnels qui vous paralysent d'effroi. Il est très paranoïaque, surtout avec ceux qui connaissent bien sa vie. Il arrive qu'il se montre vraiment cruel. Il peut vous entraîner dans son cercle tumultueux, puis vous congédier aussi vite. Dans ce cas, il ressent de la culpabilité et il recommence à s'empiffrer. »

De temps à autre, il appelle Oprah Winfrey et parle avec elle des kilos qu'ils ont pris dernièrement, ou qu'ils ont réussi à éliminer, l'un et l'autre. En fait, Brando a toujours ce même problème grave avec les aliments. Il est obligé de cadenasser son réfrigérateur, autrement il serait capable d'engouffrer une roue de Brie et plusieurs litres de sorbet ou de glace. Il lui est arrivé à quelques reprises, et à la suite de semblables festins, de subir des hémorragies internes, mais, souligne Phil Rhodes : « Marlon a survécu à tout. Il est fort comme un cheval. »

Pourquoi mange-t-il autant ? Tout le monde se pose la question et la première réponse qui vient à l'esprit est la suivante : Comme il est le fils de deux alcooliques et puisqu'il ne boit pas, il dévore de la nourriture plutôt que de s'enivrer. Lui-même se satisfait de cette explication : « La nourriture a toujours été une amie pour moi. Quand je veux me sentir mieux, ou que je traverse une crise quelconque, j'ouvre le réfrigérateur. » Mais peut-être aussi veut-il se cacher derrière tout ce lard, afin qu'on ne puisse voir le vrai Marlon Brando. Quelqu'un m'a rappelé qu'il détestait son image de bel homme, car elle attirait trop l'attention et qu'il ne savait pas composer avec cela.

Avant de commencer le tournage d'un nouveau film, il séjourne généralement dans une clinique d'amaigrissement. Sa préférée se trouve dans la campagne anglaise. L'une de ses anciennes maîtresses, obèse elle aussi, raconte une anecdote à ce sujet : « Nous étions tous les deux dans cette clinique, ensemble au lit, nous regardions la télévision et tout à coup on a présenté le *Tramway nommé Désir*. Marlon m'a demandé d'éteindre le poste, mais comme je n'avais jamais vu le film, je l'ai prié de me laisser voir. Alors, on l'a suivi un moment, puis Marlon a grommelé :

"Seigneur, j'étais beau à l'époque. Mais je suis bien plus aimable aujourd'hui." »

Dernièrement, juste au tournant de l'an 2000, la revue *Time* lui a décerné le titre de meilleur acteur du xxᵉ siècle. Cette année-là, quelques-uns de ses films, le *Tramway* et *Sur les quais* notamment, figuraient dans toutes les rétrospectives publiant des listes de meilleurs films du siècle, un honneur dont Brando se sera sans doute moqué, car les prix du « meilleur n'importe quoi » sont pure niaiserie à ses yeux. « Bientôt, a-t-il un jour déclaré, on en donnera au meilleur plombier, au meilleur marchand de saucisses — ça suffit ! » Quoi qu'il en soit, Brando se distingue des autres, car, comme l'affirme Arthur Bartow de la faculté des arts Tisch à l'université de New York, « il illustre à lui seul la constante vitalité de l'acteur américain ».

Durant deux ans, Sean Penn rencontre Brando à plusieurs reprises pour le convaincre de jouer dans un film qu'il entend réaliser, intitulé *Autumn of the Patriarch*, mais c'est Johnny Depp qui le fait fléchir et le dirigera dans un autre film, *The Brave*.

D'après Camille Paglia, les jeunes acteurs désirent tous travailler avec lui, parce qu'il a su, à son époque, briser le carcan qu'on imposait aux comédiens. Il importe peu que son attitude de « rebelle sans cause » procède moins d'une véritable révolte que du désespoir, ou d'un désarroi intérieur, car il a été le premier d'une longue lignée de héros solitaires, à laquelle appartiennent Paul Newman, Al Pacino, Robert De Niro, Johnny Depp et Ed Norton.

À l'été de 2000, Brando partage la vedette, avec De Niro et Ed Norton justement, dans un nouveau film, *The Score*, un thriller réalisé par Frank Oz et tourné au Québec. Un truand d'envergure internationale (De Niro) est sur le point de prendre sa retraite avec ses millions volés, quand l'un de ses vieux receleurs (Brando) et son nouvel acolyte astucieux (Norton) parviennent à le convaincre de réaliser un dernier coup.

Gary Foster, l'un des producteurs, m'a alors invitée à rencontrer les trois comédiens au travail, autrement dit à voir les représentants de trois générations d'acteurs se mesurer dans le même film. Je devais être la seule journaliste autorisée à me présenter sur le plateau, mais il y avait une condition. Je ne pouvais pas les interviewer durant le tournage ; cela risquait de les distraire, de nuire à leur concentration, m'a dit Foster. En revanche, je pourrais m'entretenir avec eux une fois le film bouclé. Je n'allais pas commencer à faire des manières et j'ai pris mon mal en patience.

Le 27 juin, à mon arrivée à Montréal, quelqu'un est venu me prendre à l'aéroport pour me conduire sur les lieux du tournage, un grand manoir magnifique, dans l'un des quartiers les plus français de la ville. Après quelques pourparlers, un membre de l'équipe chargée de la publicité m'a menée sur le plateau proprement dit, un immense salon au plafond voûté, richement décoré, avec des tapis de Turquie et des meubles anciens d'une valeur inestimable.

Des gens de tout âge s'affairaient ici et là, des maquilleurs, des couturières, des assistants-réalisateurs, menuisiers, accessoiristes et traiteurs, qui parlaient à voix basse dans leur téléphone portable et feignaient d'être aussi détendus que possible, même si la tension était palpable.

Tous attendaient Brando. Il n'avait pas tourné depuis des années et sa réputation de grand artiste capable de tous les débordements l'avait précédé. La veille, il avait fort inquiété les producteurs en dévorant deux énormes biftecks. Certains se demandaient s'il allait piquer une colère ou exiger des aide-mémoire pour dire son texte, ou retoucher le scénario au terme d'interminables discussions. D'autres prétendaient que De Niro s'était mis d'accord avec Brando pour revoir les dialogues.

Puis le réalisateur a ordonné à tout le monde de quitter le plateau, à l'exception des trois acteurs principaux, et alors je me suis rendu compte que Brando se trouvait déjà sur place, vautré dans un fauteuil, dangereusement gras, tout maquillé et les cheveux blond roux. Non loin de lui, De Niro, portant une forte barbe noire, le visage renfrogné, faisait les cent pas. Puis, traînant les pieds, Ed Norton est arrivé, en murmurant: « J'ai de la chance de figurer au générique avec ces types-là. »

Pendant quelques minutes, il y eut un grand silence. Les deux acteurs plus jeunes se déplaçaient sans cesse, mais Brando restait immobile dans son fauteuil. On avait l'impression qu'il sommeillait. Malgré son front proéminent, on décelait tout de même l'enfant espiègle chez lui. Tout à coup, il s'est mis à ricaner, puis à rire franchement. Il se moquait de ses partenaires, les forçait à le défier. Pour finir, De Niro s'est glissé vers lui et ils se sont entretenus en catimini.

Ensuite, ils ont commencé à improviser, à se demander s'ils allaient — ou non — mêler Norton à leur prochaine escroquerie. Furieux, ce dernier fait alors irruption dans la pièce et se lance dans une charge contre les deux autres. Mais il ne termine pas sa phrase et quitte les lieux, indigné. La scène n'a duré que quelques minutes, pourtant, à chaque seconde, le sentiment d'urgence qui habitait les acteurs se transformait, devenait plus ou moins intense, et Brando maîtrisait la situation sans jamais faillir.

«Qu'est-ce que tu penses que je suis ? — un fou ? », répétait-il à plusieurs reprises, et j'ai senti que son sens du rythme, de la synchronisation, est bien l'élément qui prête à son jeu cette dimension fascinante et mystérieuse. Souvent, il gardait le silence, comme si les mots ne servaient à rien pour lui. Il se contentait de mordre dans un bout de pain, de boire une gorgée de café et de ravaler ses répliques.

Au moment de tourner la scène, Frank Oz m'a invitée à m'asseoir à côté de lui, devant les moniteurs, de sorte que j'ai pu observer les acteurs de près. J'ai été surprise de voir combien Norton était souple. Le moindre de ses gestes exprimait quelque chose. Pendant une seconde, il pouvait avoir l'air malicieusement corrompu et, l'instant d'après, il paraissait doux comme un ange. De Niro, lui, était carrément féroce. Mais c'est Brando qui retenait mon attention. Alors, j'ai compris que la spontanéité est l'essence même de son talent. Il ne se laisse pas intimider par la présence de la caméra. Il ne se soucie pas non plus de savoir si la prise est bonne, utilisable au montage, voire conséquente avec le reste. Lorsqu'il se met à jouer, c'est comme si on libérait un animal de sa laisse.

Il y a 20 ans, certains ont dit de Robert De Niro qu'il était « le nouveau Brando », après son exceptionnelle interprétation dans *Taxi Driver* et le *Parrain II*, où, paradoxalement, il jouait Corleone jeune. Dans *Raging Bull*, incarnant Jake La Motta, il donnait presque une imitation de cabaret du Terry Malloy de *Sur les quais* : « J'pourrais être un rival, j'pourrais être quelqu'un. » Au fond, il rendait hommage au travail de Kazan et de Brando, à leur réalisme psychologique bien marqué des années 1950, et voilà qu'ils étaient ensemble devant moi, avec le fringant Ed Norton.

Tandis que les deux comédiens tournaient autour de lui, Brando demeurait impénétrable. Je me suis rappelé ce que disait Bertolucci : « Curieusement, Marlon *occupe* tout l'espace. Même quand il est au repos, assis dans un fauteuil, par exemple, déjà il s'approprie l'espace qu'il a fait sien. Et son attitude face à la vie est différente de celle des autres, en raison de ce seul facteur. »

Cela me rappelle aussi que Brando est parvenu, avec le temps, à créer une forme de figuration supérieure. La force de sa personnalité, le fait qu'il se soit basé sur les attitudes pour camper ses personnages, ont modifié du tout au tout notre façon d'évaluer le jeu des acteurs. Grâce à lui, nous sommes capables aujourd'hui d'apprécier leur travail comme un art à part entière.

NOTES BIBLIOGRAPHIQUES

En 1977, peu de temps après que j'eus quitté ma carrière de comédienne pour devenir journaliste, on m'a demandé de rédiger une biographie de Marlon Brando, mais j'ai préféré, à l'époque, écrire la vie de Montgomery Clift, le premier rival de Brando à l'écran. Comme il se doit, j'ai fait des recherches sur le monde du théâtre et celui du cinéma depuis les années 1950 et j'ai rencontré plusieurs metteurs en scène et réalisateurs qui avaient dirigé Clift et Brando : Elia Kazan, Fred Zinnemann, Joseph Mankiewicz, John Huston et Edward Dmytryk. Je me suis entretenue aussi avec Bobby Lewis et Harold Clurman, qui avaient connu les deux acteurs.

Il existe environ 12 biographies de Brando et je me suis basée sur celles de Charles Higham, *Brando : The Unauthorised Biography* (New American Library, 1987), de Bob

Thomas, *Brando : Portrait of a Rebel* (Random House, 1973)
et celle de Richard Schickel, *Brando : A Life of Our Times*
(Atheneum, 1991), qui offre non seulement la plus fine
analyse des films de Brando, mais qui explique aussi quelle
position très particulière il occupe dans le cinéma américain. Un ouvrage antérieur de Schickel, *Intimate Strangers :
The Culture of Celebrity* (Doubleday, 1985) expose, pour sa
part, le prix très lourd que la gloire fait payer aux grandes
vedettes. Par ailleurs, j'ai trouvé les excellentes études sur
Brando que Molly Haskell a publiées dans le *Village Voice*
remarquablement écrites et très fines.

J'ai lu en outre les souvenirs d'Anna Kashfi, dans lesquels elle raconte son mariage et son divorce avec Brando,
et qu'elle a intitulés *Brando for Breakfast* (Crown Publishers,
1979). C'est l'histoire navrante et déchirante d'un couple
qui n'aurait jamais dû se marier et, à ma grande surprise,
elle est pleine d'idées et d'aperçus très révélateurs.

La biographie la plus considérable jamais écrite sur
Marlon Brando est bien sûr celle de Peter Manso, *Brando,
la biographie non autorisée* (Presses de la Cité, 1994), qui ne
totalise pas moins de 850 pages. Manso a poursuivi ses
recherches pendant sept ans. Pour ce faire, il a interviewé
près d'un millier de personnes. Son ouvrage comprend une
foule de renseignements percutants sur l'enfance de Brando,
sa jeunesse à New York, ses années de formation à Broadway et des tas d'anecdotes sur le tournage de ses films. Je

me suis largement inspirée de ce livre et je remercie l'auteur de m'avoir permis de le faire. Cela dit, Manso se laisse aller à bien des spéculations sur la vie privée de l'acteur et tout particulièrement sur les circonstances entourant l'assassinat de Dag Drollet. Aussi, j'ai préféré ne pas entrer ici dans les détails, puisque l'objet de mon livre concerne avant tout le travail du comédien.

En 1991, Brando a entrepris d'écrire son autobiographie, *Les chansons que m'apprenait ma mère* (Belfond, 1994 et J'ai lu, 1996), qu'il a rédigée avec Robert Lindsey. Ce livre est paru en même temps que la biographie de Manso et les deux ouvrages ont souvent été recensés dans les mêmes articles. On a dit qu'après avoir lu la biographie de Manso, Brando se serait exclamé : « Ce type-là voudrait être moi ! Pourquoi tout le monde veut-il être moi ? »

Dans la mesure du possible, j'ai comparé les affirmations des différents biographes avec celles de Brando. Dans son livre, il donne souvent de lui-même le portrait contradictoire d'un grand artiste et d'un formidable réalisateur amateur, qui ne reconnaît même pas être un *bon* comédien (il prétend ne pas savoir quel est le sujet du *Dernier tango* ni en quoi son interprétation de Paul est exceptionnelle). À le lire, on a l'impression qu'il veut se faire passer, avant tout, pour un technicien, un blagueur et un frimeur. Mais il y a aussi de belles pages sur son engagement en faveur des droits civiques, sur ses années à Tahiti, les sentiments qu'il éprouve à l'endroit de la nature et des animaux, sur sa position face à la célébrité et à l'argent et sur sa générosité à l'égard de ceux qui ont compté dans sa vie, comme Stella Adler et Wally Cox.

Dans l'autobiographie, Brando laisse clairement entendre que son vif besoin de succès et sa volonté de prouver à Brando Senior qu'il se trompait sur son compte ont été les axes essentiels de son existence. Aussi, le fait d'avoir réussi à effacer le souvenir des humiliations que son père lui a infligées constitue à ses yeux la grande victoire de sa vie. Manso, de son côté, décrit cette vie comme un naufrage quasi honteux, mais Brando le détrompe, en affirmant qu'elle n'était pas si mal que ça, et même, pas mal du tout.

D'autres ouvrages m'ont été fort utiles, parmi lesquels je citerai le livre de Foster Hirsch sur l'Actors Studio, *A Method in Their Madness : The History of the Actors Studio* (Da Capo Press, 1984), celui de David Garfield, *A Player's Place : The Story of the Actors Studio* (Macmillan, 1980), de Foster Hirsch encore, *Acting Hollywood Style* (Harry N. Abrams, 1991), qui m'a permis de mieux apprécier ce que Brando a réussi à faire dans ses films. « Il utilise la caméra plus astucieusement que tout autre acteur », déclare Hirsh. Il y a d'autres livres très instructifs, comme celui de Pauline Kael, *5001 Nights at the Movies* (Holt, Rinehart and

Winston, 1984), ou le chapitre très pénétrant sur Brando
dans l'ouvrage de Harold Clurman, *All People Are Famous*
(Harcourt, Brace, Jovanovich, 1974) ; mentionnons aussi
l'essai de David Thomson, intitulé *Last Tango in Paris* (BFI
Publishing, 1998), le *Big Bad Wolves : Masculinity in
American Films* (Pantheon, 1977), de Joan Mellon, qui a
signé également *Kazan : The Master Director Discusses His
Films* (New Market Press, 1999) ; les interviews approfon-
dies de Jeff Young avec Kazan à propos de Brando, et celles
de Michel Ciment, avec Kazan toujours, sur les films du
réalisateur et sur ses pièces, réunies sous le titre : *Kazan par
Kazan* (Stock, 1973). Je ne veux pas oublier non plus l'admirable autobiographie de Kazan, *A Life* (Alfred A. Knopf,
1987), l'ouvrage de Ronald Brownstein, *The Power and the
Glitter : The Hollywood-Washington Connection* (Pantheon,
1990), celui de Brooks Atkinson, *Broadway* (Macmillan,
1974), ou de Victor Navasky, *Naming Names* (Viking, 1980),
un ouvrage de tout premier plan qui traite de la délation,
et enfin, le dernier mais non le moindre : *Conversations
with Brando*, de Larry Grobel (Hyperion, 1991), qui a
d'abord été une interview publiée dans *Playboy*, avant de
devenir un livre, que certains voient aujourd'hui comme
l'ultime interview avec l'acteur.

Je tiens à remercier tout particulièrement les amis de
Brando, ses collègues et ses biographes qui ont bien voulu
répondre à mes questions. Certains d'entre eux ne veulent

pas être nommés ici, mais d'autres y ont consenti, qui ont toute ma gratitude : Pat Cox, Phil et Marie Rhodes, Vivian Nathan, Elia Kazan, Karl Malden, Bill Greaves, Eli Wallach, Anne Jackson, Fred Zinnemann, Eddie Dmytryk, Arthur Penn, Richard Schickel, Peter Manso, feu Mario Puzo et Larry Lewis. Je remercie également Robert Stewart et Sondra Lee, de même que le biographe de Wally Cox, Robert Pegg, qui m'a fourni des renseignements inédits. Merci, en outre, au comédien Sidney Armus, qui m'a aidée à comprendre à quoi tient le « génie » de Marlon Brando. Mes salutations vont aussi à Janet Coleman, l'actrice, la réalisatrice, le professeur et l'auteur de *The Compass* (Alfred A. Knopf, 1990) qui m'a appris bien des choses sur l'improvisation au théâtre, comme au cinéma. Enfin, merci à mes collaborateurs, Shannon Brady, Tara Smith et Sharon Nettles, qui m'a aidée à mettre de l'ordre et à mettre en forme les notes innombrables que j'avais réunies au cours des ans ; nous avons travaillé des heures ensemble et je n'oublierai jamais son dévouement.

Une partie de ma recherche consistait à revoir les films de Brando, dont on verra la liste ci-dessous. Toutefois, il est un petit documentaire amusant, qui ne figure pas dans cette liste, intitulé *Meet Marlon Brando*, que les frères Maysle ont tourné en une seule journée au cours de l'année 1966. Il n'a rien à voir avec les interviews qu'accordent généralement les vedettes. On y voit un Brando à la fois sexy, charmant et moqueur, qui échange des propos avec plusieurs reporters sans cervelle, pour faire la promotion d'un film qu'il déteste, *Morituri*. Il faut voir ce documentaire et songer, en le regardant, à son interprétation dans le *Dernier tango*, où il se prête au même genre d'humour libre et débridé, de la plus nonchalante des façons.

[La plupart des citations françaises sont tirées de l'ouvrage de Peter Manso, *Brando, la biographie non autorisée* et de l'autobiographie de Marlon Brando, *Les chansons que m'apprenait ma mère*]

FILMOGRAPHIE

1950   *The Men* (*C'étaient des hommes*)

1951   *A Streetcar Named Desire* (*Un tramway nommé Désir*)

1952   *Viva Zapata !*

1953   *Julius Caesar* (*Jules César*)

1954   *The Wild One* (*L'équipée sauvage*)

1954   *On the Waterfront* (*Sur les quais*)

1954   *Désirée*

1955   *Guys and Dolls* (*Blanches colombes et vilains messieurs*)

1956   *The Teahouse of the August Moon* (*La petite maison de thé*)

1957   *Sayonara*

1958   *The Young Lions* (*Le bal des maudits*)

1960   *The Fugitive Kind* (*L'homme à la peau de serpent*)

1961   *One-Eyed Jack* (*La vengeance aux deux visages*)

1962   *Mutiny on the Bounty* (*Les révoltés du Bounty*)

1963 *The Ugly Americain (Le vilain Américain)*

1964 *Bedtime Story (Les séducteurs)*

1965 *Morituri (The Saboteur: Code Name Morituri)*

1966 *The Chase (La poursuite impitoyable)*

1966 *The Appaloosa (L'homme de la sierra)*

1967 *A Countess from Hong Kong (La comtesse de Hong Kong)*

1967 *Reflections in a Golden Eye (Reflets dans un œil d'or)*

1968 *Candy*

1969 *The Night of the Following Day (La nuit du lendemain)*

1970 *Burn! (Queimada)*

1971 *The Nightcomers ((Le corrupteur)*

1972 *The Godfather (Le parrain)*

1972 *Last Tango in Paris (Dernier tango à Paris)*

1976 *The Missouri Breaks (Missouri Breaks)*

1978 *Superman*

1979 *Apocalypse Now*

1980 *The Formula (La formule)*

1989 *A Dry White Season (Une saison blanche et sèche)*

1990 *The Freshman (Premiers pas dans la mafia)*

1992 *Christopher Columbus: The Discovery*

1995 *Don Juan de Marco*

1996 *The Island of Dr Moreau (L'île du docteur Moreau)*

1997 *The Brave*

1997 *Free Money*

2001 *The Score*

2001 *Apocalypse Now (version allongée)*

Transcontinental
IMPRESSION
IMPRIMERIE GAGNÉ